Karin Hartewig

Süßes aus dem Osten!

Schokolade aus Saalfeld

Titelbild: Eugenia Susel, http://www.eugeniasusel.com/

Karin Hartewig (Jg. 1959), Dr. phil., hat Neuere und Mittelalterliche Geschichte sowie Neuere Deutsche Literatur und Deutsch als Fremdsprache in München studiert. Sie war am Kulturwissenschaftlichen Institut in Essen und an den Universitäten in Jena und Erfurt tätig und Gastprofessorin für Kulturwissenschaften an der Hochschule für Bildende Künste in Braunschweig.
Seit 2004 arbeitet sie freiberuflich als Historikerin und Autorin. Ihre Themen sind breit gefächert. Sie berühren sozialgeschichtliche Fragen, die Geschichte der DDR, Biografien, Fotogeschichte, die materielle Kultur der Dinge, Auftragskunst im Dritten Reich sowie Produktwerbung und Corporate Design als angewandte Kunst und Unternehmensgeschichte in West und Ost. Sie lebt in der Nähe von Göttingen.

Die Publikation wurde gefördert durch die Bundesstiftung zur Aufarbeitung der SED-Diktatur.

Landeszentrale für politische Bildung Thüringen
Regierungsstraße 73, 99084 Erfurt
www.lzt-thueringen.de
2021

ISBN: 978-3-948643-31-7

Inhalt

Vorbemerkung

Bereits um 1900 verkörperten die bekannten Marken aus der Schweiz den Goldstandard unter den Schokoladen: Nestlé, Suchard, Lindt und Toblerone. Unaufhaltsam eilten sie seit ihren Anfängen von Erfolg zu Erfolg. Zu den Schweizern gesellten sich die Belgier und die Franzosen als führende Schokoladennationen. Aber auch in Deutschland hatte die Herstellung von Markenschokolade Tradition. Und die bedeutenden Schokoladenfabriken lagen nicht ausschließlich im Westen des Deutschen Reiches wie Stollwerck in Köln, Sarotti in Berlin oder Sprengel in Hannover. Namhafte Hersteller hatten ihren Sitz in Dresden (Hartwig & Vogel), Leipzig (Riquet, Felsche und Richter) und Halle (Most und die Gebrüder David), in Delitzsch (Böhme), Wernigerode (Argenta) und Pößneck (Berger). Eine der Schokoladenfabriken aus Deutschlands Mitte war Mauxion aus Saalfeld.

Das vorliegende Buch erzählt ihre bewegte Geschichte vom Kaiserreich bis heute. Darin sind wirtschaftliche Erfolge ebenso wie existenzbedrohende Krisen, unternehmerische Kreativität in unterschiedlichen wirtschaftlichen Systemen, ebenso wie Strategien des politischen Opportunismus in zwei Diktaturen eingeschrieben.

Unter den zahlreichen Veränderungen, mit denen sich der Betrieb und seine Nachfolger im 20. Jahrhundert konfrontiert sahen, waren die Transformationen, die 1945 dem kapitalistischen Familienunternehmen und 1989/90 dem volkseigenen Betrieb abverlangt wurden, bei weitem am Einschneidendsten. Die Erfahrung dramatischer Umbrüche, welche die Schokoladenfabrik mit anderen Betrieben in der SBZ und DDR teilte, blieb westdeutschen Unternehmen erspart.

Dreißig Jahre deutsche Einheit (2020) und 120 Jahre Mauxion in Saalfeld (2021) sind ein guter Anlass für eine kritische Geschichte des Unternehmens.

Bovenden, im Februar 2021   *Karin Hartewig*

Nichts ist so beständig wie der Wandel.

Die Erfindung der Marke „Mauxion"

Die Herausforderer

Mitte des 19. Jahrhunderts zog es den jungen Confiseur André Mauxion aus dem westfranzösischen Houlette, nahe bei Cognac, in die Hauptstadt des Zarenreichs. In St. Petersburg wollte er die Russen für französische Schokolade, Pralinen und Konfekt begeistern. Sein Weg führte ihn über die Süßwarenfirma Moser in Stuttgart nach Berlin. Die Reichshauptstadt, die eigentlich nur ein Zwischenhalt sein sollte, empfing ihn mit offenen Armen. Mit Unterstützung des Kakao- und Schokoladenfabrikanten Theodor Hildebrand erhielt Mauxion den Meisterbrief und eine berufsständische Zulassung der Innung. 1855 eröffnete er seine erste Konditorei. Schnell konnte er Fuß fassen, denn „tout Berlin" wollte seine exquisiten Süßigkeiten, die bis dahin aus Frankreich importiert werden mussten. André Mauxion rühmte sich seiner raffinierten Zuckerwaren und seiner Chocolaterie Pariser Schule. In den 1860er-Jahren führte er zwei Confiserien in der Hauptstadt. Um die große Nachfrage nach Pralinen und Schokoladen zu bedienen, gründete er Filialen. Im Jahr 1900 bestanden neben dem Hauptsitz in der Königstraße in Altberlin acht weitere Geschäfte. Ab 1895 führten seine Söhne Alfred und Felix Mauxion die Geschäfte. Allerdings litt das Unternehmen an Kapitalmangel. Die Umwandlung in eine offene Handelsgesellschaft und die Beteiligung des Geschäftsfreundes Otto Maresch sollte frisches Geld in die Firma bringen.

Die Brüder dachten größer, und sie wollten den Manufakturbetrieb modernisieren. Dabei nahmen sie sich die Schweiz

7

Die Reichshauptstadt und ihre Wahrzeichen als Werbeträger. Ansichtskarte der Schokoladenfabrik von André Mauxion, um 1899.

zum Vorbild. Dort kam bei der Herstellung von Schokolade bereits eine neuartige Maschine zum Einsatz, welche der Schokoladenmasse durch tagelanges, beständiges Rühren eine besonders feine Konsistenz verlieh. Die Conchiermaschine war die bahnbrechende technische Erfindung (1879) des Schokoladenfabrikanten Rodolphe Lindt. Sie brachte die Schokolade im Mund des Konsumenten zum Schmelzen. Andere Schweizer Schokoladehersteller wie Suchard folgten. Um die Jahrhundertwende erlangte die Schweizer Schokolade die Branchenführerschaft in Europa und trug entscheidend zum positiven Image des Landes bei. Schweizer Schokolade war „typisch Schweiz".

Im Jahr 1901 verlegten die Brüder Mauxion ihre Fabrik aus der quirligen Reichshauptstadt Berlin ins beschauliche Thüringen. Das Hauptmotiv für die Übersiedlung in die Provinz lag in der Möglichkeit, das Saalewasser zu nutzen. Die Schweizer Chocolatiers machten es vor: Gutes Wasser spielte in der

Schokoladenindustrie eine besondere Rolle und sicherte den eidgenössischen Erzeugnissen einen Qualitätsvorsprung auf dem Weltmarkt. Verfügbare Wasserkraft zur Energiegewinnung war ein weiteres Argument für den neuen Betriebsstandort. Die schattige Tallage und die bergige Umgebung boten vor der Erfindung industrieller Kühlsysteme die Gewähr, das ganz Jahr hindurch zu produzieren, ohne eine Sommerpause einlegen zu müssen. Zudem passten Conchiermaschinen, die im Tag- und Nachtbetrieb liefen, um die Schokoladenmasse zu erwärmen und bei gleichmäßiger Temperatur zu rühren, nicht ins bessere Viertel Berlins. Die Wahl für einen neuen Produktionsstandort fiel auf Saalfeld an der Saale. Am 1. April 1901 kauften die Mauxions die im Saaletal gelegene Neumühle.

Saalfeld war eine vielversprechende kleine Industriestadt. Ihre Straßen und die Kanalisation waren 1890 erneuert worden. Und um den Bahnhof entwickelte sich bereits ein Industrie- und Gewerbegebiet, denn der Standort lag verkehrstechnisch günstig. Die neue Bahnstrecke nach Saalfeld-Stadtilm bot einen Anschluss nach Erfurt. Alles deutete darauf hin, dass Konjunktur und Bevölkerungszuzug sich weiterhin positiv entwickeln würden. Und tatsächlich: Zwischen 1890 und 1905 sollte die Einwohnerzahl von 9.801 auf 13.242 anwachsen. Weitere Unternehmen siedelten sich an. Das Elektrizitätswerk (1910) versorgte die Stadt mit Energie. Das Beste aber war: Saalfeld erinnerte ein wenig an die Schweiz.

Stadtmuseum Saalfeld

Die Zugereisten in Saalfeld. Patriotische Werbung, undatiert.

Mit der Ansiedlung forderten die Mauxions einen ehrwürdigen Konkurrenten heraus. Im Nachbarort Pößneck hatte sich 1876 „Robert Bergers Kakao und Schokolade" etabliert. Seine Erzeugnisse in schönen Verpackungen trugen Berger seit 1888 den Titel des Hoflieferanten des Herzoghauses Sachsen-Meiningen ein. Berger stand für „Stern"-Schmelzschokolade und feine Milchschokolade. Vor 1914 beschäftigte das Unternehmen über 600 Menschen und gehörte zu den großen Arbeitgebern der Region. Berger dürfte „die Neuen" aus Saalfeld kritisch beäugt haben. Auch die Saalfelder Bürger hegten offenbar keine allzu großen Sympathien für die Zugereisten: Viele Einwohner waren selten oder nie über Saalfeld hinausgekommen und glaubten, dass alles, was aus Berlin stamme, von vornherein Schwindel wäre. Der Sprung in die industrialisierte Herstellung gestaltete sich wirtschaftlich als so schwierig, dass 1910 der Offenen Handelsgesellschaft Mauxion der Konkurs drohte. Das Unternehmen litt chronisch an fehlender Liquidität. Da trat (Karl) Ernst Hüther (1880–1944) auf den Plan.

Die Übernahme

Hüther stammte aus Pößneck. Die Eltern Karl und Elise besaßen dort das Hotel „Zur Post", das als „erstes Haus am Platz" galt. In seiner Lehrzeit zum Kaufmann (1894–1897) in der Schokoladenfabrik Robert Berger erwarb er Kenntnisse über den Herstellungsprozess von Schokoladen. Es folgte eine Anstellung bei der Bielefelder Keksfabrik Stratmann & Meyer. Nach dem Militärdienst (1900–1902) versuchte sich der junge Mann als Vertreter im Außendienst für verschiedene Süßwarenhersteller und als Berliner Generalvertreter der „Schokoladenfabrik Tangermünde" (1904), bis er sich 1909 mit der „Falter" GmbH Kakao- und Schokoladenfabrik in der Reinickendorferstraße 53 in Berlin selbstständig machte. Unter derselben Adresse wurde auch die „Hüther GmbH Kakao- und

Ernst Hüther in seinem Büro, 1920er-Jahre.

Schokoladenfabrik" geführt. Vermutlich handelte es sich um Vertriebsunternehmen. Bereits zwei Jahren später wurden die Startups aufgegeben. Und Hüther war auf der Suche nach einem neuen Betätigungsfeld.

Als einer von fünf Gesellschaftern stieg der Dreißigjährige in die neu gegründete „Chokoladenfabrik Mauxion mbH (1911) ein. Er war zunächst mit einer Einlage von 25.000 Reichsmark am Stammkapital von 230.000 Reichsmark beteiligt. Gemeinsam mit Alfred Mauxion teilte er sich die Geschäftsführung, als Felix Mauxion aus gesundheitlichen Gründen ausschied. Nur zwei Jahre später (1913) stockte er seinen Anteil auf 125.000 Reichsmark auf, wurde zum finanzstärksten Gesellschafter und übernahm die alleinige Geschäftsführung. Im letzten Kriegsjahr 1917/18 schließlich wurde er Alleininhaber. Von da an war Mauxion Ernst Hüther und Hüther war Mauxion.

Bereits als Geschäftsführer agierte Hüther überaus erfolgreich. Die Firma stellte diverse Schokoladen und Desserts her. Zum Markenschlager wurde ab 1912 die „Extra-Bitter", welche den Erfolg der „Schlagsahne-Schokolade" der 1890er-Jahre aus Berliner Tagen übertraf und waggonweise ausgeliefert wurde. Das Paket von 250 Gramm war erstmals mit einem blauen Streifen versehen, der waagrecht über die Verpackung verlief und noch an ein Schleifenband aus Satin denken ließ, wie man es für Geschenke verwendete. Die Mauxion mbH erwirtschaftete 1913 einen Umsatz von 591.000 Reichsmark. Im letzten Friedensjahr (1914) konnte er auf 703.000 Reichsmark gesteigert werden. Mauxion's Tafelschokoladen behaupteten sich vorzüglich in der jungen Konsumgesellschaft des Kaiserreichs. Die Nachfrage nach industriell gefertigten Süßigkeiten in unterschiedlichen Konsumgrößen, von garantiert guter Qualität, zum festen Preis, originalverpackt und von verlässlicher Verfügbarkeit war groß. Zur Popularität der Schokolade aus Saalfeld dürfte der Tourismus beigetragen haben, seitdem 1913 ein aufgelassener Bergwerksstollen für Alaunschiefer mit märchenhaft formenreichen und farbenprächtigen Tropfsteingebilden entdeckt worden war. Im Mai 1914 wurde die Sehenswürdigkeit mit dem klangvollen Namen „Feengrotten" eröffnet. Die Besucherzahlen stiegen von 4.000 (1916) auf 100.000 (1921). Und der Verkauf von Ansichtskarten erreichte im selben Jahr bereits eine Auflage von 250.000 Stück. Der Märchendom aus Tropfstein soll in den 1920er-Jahren sogar den Sohn des Komponisten Richard Wagner, Siegfried, zu einem Bühnenbild für die Oper „Tannhäuser" inspiriert haben.

Am Vorabend des Ersten Weltkrieges bewies der Unternehmer Weitsicht, als er mit einem beträchtlichen Kredit der Dresdener Bank von drei Millionen Reichsmark Kakaobohnen und andere Rohstoffe auf Vorrat einkaufte. Doch zunächst war das Unternehmen von der allgemeinen Mobilmachung betroffen. Der Chef wurde im Sommer 1914 zur Marine einberufen. Noch im selben Jahr aber wurde der Fabrikant vom Militärdienst freigestellt. Mit seinen Vorräten konnte Mauxion die

Herstellung von Schokoladen in den ersten Kriegsjahren fortsetzen, obwohl Kakao, Zucker und Gewürze aus Übersee bald nicht mehr ins Deutsche Reich eingeführt werden durften und ihre Verteilung in der Kriegswirtschaft kontingentiert wurde. Doch auch in Saalfeld setzte der große Krieg dem Höhenflug der Schokolade Grenzen. Es musste sparsam gewirtschaftet werden und am Ende fehlte es auch hier an Kakao zur Herstellung von „billiger Verbrauchsschokolade". So entwickelte Mauxion im ersten Kriegsjahr auf der Basis von Mandeln aus Italien ein Milchmixgetränk, den „Mauxion-Edeltrunk". Das anfallende Nebenprodukt Mandelöl verkaufte man als Speiseöl zum Braten, Kochen und Backen – ein gewinnbringendes Geschäft, denn bald wurden auch Öle rationiert. Als Italien im Mai 1915 in den Krieg gegen die Entente eintrat, behalf man sich für kurze Zeit mit Pinienkernen aus der Türkei. Als auch diese Bezugsquelle versiegte, entwickelte Mauxion Nährmittel: Suppenpulver, Suppen und den „Morgentrank" aus Getreidekeimen. Mauxion setzte zudem auf die Ölfabrikation aus Getreide. Die Keime mussten mit Benzin ausgelaugt werden, damit das enthaltene Öl möglichst vollständig entzogen werden konnte. Die Rückstände wurden anschließend zu Suppenmehlen und Morgengetränken verarbeitet. Die besondere Herausforderung lag darin, bei der Verwertung der Reste den Geschmack des Benzins zu neutralisieren. Mit einer Tagesproduktion von 300 Zentnern Suppenmehlen und Morgengetränken erreichte Mauxion Spitzenwerte und leistete seinen Beitrag zur Kriegsernährungswirtschaft. Offensichtlich gingen die Geschäfte auch im Krieg nicht schlecht. Für die Verpflegung von Front und Heimat wurden Ersatzmittel und Surrogate aus natürlichen Stoffen produziert. Dies war die große Stunde der Lebensmittelchemie.

Als die Importblockade gegen Deutschland aufgehoben wurde und der erste Rohkakao im August 1919 im Hamburger Hafen anlandete, konnten wieder Schokolade, Dessertpralinen und Kakaopulver in Friedensqualität produziert werden. Bald hatte Mauxion der Konkurrenz aus Pößneck den Rang

Die Schokoladenfabrik Mauxion. Kolorierte Postkarte, undatiert.

abgelaufen, was die Betriebsgröße, die Zahl der Beschäftigten (1921: 1.000), die Vielfalt des Sortiments von Tafelschokoladen, Pralinen und Kakao sowie die Qualität der Erzeugnisse anging. Nach den Ersatzmitteln, den Kohl- und Steckrüben des Hungerwinters 1916/17, nach Krieg, Revolution und Spanischer Grippe entwickelte die geschlagene Nation einen wahren Heißhunger auf Schokolade. In ganz Deutschland verzeichnete die Schokoladenproduktion Anfang der 1920er-Jahre einen Aufschwung, der im Jahr 1924 einen Höhepunkt fand.

Der Schokoladenkönig aus Saalfeld expandierte. Noch im Krieg erlebte der Betrieb bauliche Erweiterungen, und seit 1916 verband die Brücke, die von den Saalfeldern die „Mandelölbrücke" genannt wurde, das Werk mit der Stadtseite. Zwischen 1921 und 1928 wurde der größte Teil der alten Mühlenanlagen abgerissen und ein moderner Industriebetrieb errichtet. Mit geliehenem Geld finanzierte der Unternehmer die ersten Neubauten und Erweiterungen der Schokoladenfabrik sowie den Bau der schlossähnlichen Unternehmervilla „Bergfried" inmitten eines weitläufigen Parks (bis 1924). Langfristige Kredite gegen Industriegebäude, Immobilien und

Liegenschaften – das war in der Nachkriegs- und Hyperinflation ein riskantes, aber letztlich gutes Geschäft. Zeitgenossen nannten es „Flucht in die Sachwerte".

In zwei Bauphasen wurde das Werk 1921 und 1924 nach Plänen des renommierten Dresdener Architekten Max Hans Kühne (1874–1942) von der Mauxion'schen Bauabteilung erweitert. Kühne hatte 1906 mit William Lossow (1852–1914), seinem Schwiegervater und Direktor der Kunstgewerbeschule Dresden das Architekturbüro Lossow & Kühne gegründet und führte es nach Lossows Tod 1914 weiter. Lossow & Kühne hatten mit dem Bau des 298 Meter langen Empfangsgebäudes des Leipziger Hauptbahnhofs (1909–15) von sich Reden gemacht, der zu den größten Bahnhöfen Europas zählte. Auch die Gebäude der Dresdener Hygieneausstellung (1911) waren von ihnen entworfen worden. Mit dem Fabrikbau für Ernst Hüther, einem Betrieb von imposanten Dimensionen, war Kühne eine viel beachtete Industriearchitektur gelungen, die sich harmonisch ins Landschaftsbild einfügte.

Den erhöhten Energiebedarf deckte ein neues Dampfkraftwerk. Ferner entstanden zahlreiche Nebenbetriebe: das Sägewerk und die Kistenfabrik, die Schlosserei, technische Werkstätten und Garagen. Auch an soziale Einrichtungen für die Belegschaft wurde gedacht: So entstanden Bäder, Duschanlagen und eine Kantine. Ebenfalls im Jahr 1924 erhielt Mauxion seinen eigenen Güterbahnhof und damit einen Gleisanschluss an das Schienennetz der Reichsbahn. Auch die Maschinen ließ der Unternehmer erneuern, so dass Mitte der 1920er-Jahre eine Tagesproduktion von 300.000 Tafeln erreicht werden konnte.

1920 waren bereits 500 Arbeiter und Angestellte bei Mauxion in Lohn und Brot, und 1922 hatte sich die Belegschaft in der Schokoladenfabrik, die von der Bohne bis zur Schokoladentafel den gesamten Herstellungsprozess auf sich vereinigte, glatt verdoppelt. Mit 1.800 Mitarbeitern erreichte der Betrieb 1925 den Höchststand. Ein Erfolgsrezept des Unternehmers lag in der Begrenzung des Sortiments auf wenige, hochwertige

Artikel. An Tafelschokoladen wurden hergestellt: Extra Bitter, Fondants 333, Vollmilch. Hinzu kamen feine Pralinen und hier das O.K. Dessert sowie der „Mauxion Kakao-Trunk".

Auf dem modernstem Stand der Technik gelang es Mauxion, seine Schokoladen und Pralinen als Massenware industriell herzustellen und im Direktvertrieb kostengünstig zu vermarkten. Das war der schlaraffenlandähnliche Luxus der großen Mengen, verstanden als dauerhaft verfügbarer Überfluss. Aufwendige Verpackungen, ein neues einprägsames Corporate Design und die aufsehenerregenden Werbekampagnen des Unternehmens verliehen den Erzeugnissen hingegen die Anmutung von Luxus in seiner zweiten Spielart: Das war der Luxus im Sinne von Exklusivität, Seltenheit und erlesener Qualität. Mauxion Schokoladen und Pralinen waren ein Industrieprodukt und positionierten sich dennoch im Premiumsegment.

Logo und Corporate Design

Frühzeitig und eher intuitiv hatte der Unternehmer die Bedeutung der Gestaltung für die Etablierung einer Marke begriffen. Nur einzelne Pioniere der angewandten Kunst befassten sich bereits als externe Berater für große Unternehmen mit der Entwicklung von Logos, Bild- und Wortmarken und mit der Gestaltung dessen, was man später Corporate Design nennen sollte. Zur Prominenz der ersten Stunde gehörten Wilhelm Friedrich Deffke (1887–1950) und Carl Ernst Hinkefuß (1881–1970) und ihr gemeinsames Büro „Wilhelmwerk" (*1915) in Berlin.

Deffke entwarf nach 1918 ein neues Logo für Ernst Hüthers Schokoladenfabrik. Aus den Initialen des Namens, ein „H" und ein quer aufliegendes „E" entstand das Bildzeichen, das für Briefbögen, Briefumschläge, Quittungs-Formulare, Kataloge und Packungen universelle Verwendung finden sollte. Das EH-Logo in der für Deffke typischen Blindprägung und in fetter Type war bereits mit einem vertikalen, königsblauen

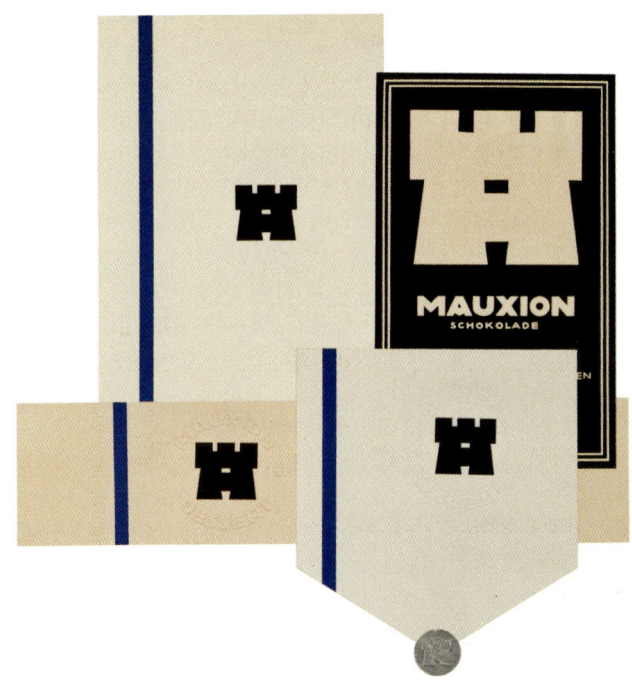

Oben: Wilhelm Deffke, Verpackungen und Werbeanzeige für Mauxion, 1920.
Unten: Carl Ernst Hinkefuß, Etikett für Mineralwasser, 1921.

Balken versehen. Das EH-Signet wurde am 13. Juli 1920 vorsorglich in sechs Variationen beim Reichspatentamt angemeldet und am 20. Januar 1921 in die Warenzeichenrolle eingetragen. Ein zeitgemäßes und einprägsames Firmenzeichen war gefunden. Es fehlte indes noch der Markenschutz für die Wortmarke „Mauxion" in der charakteristischen Typografie. Sie wurde am 23. Juni 1925 angemeldet und knapp ein Jahr später am 11. Juni 1926 in das Register der geschützten Marken eingetragen. Erteilt wurde sie für Kakao, Schokolade, Zuckerwaren, Back- und Konditorwaren, Hefe und Backpulver. Deffke und Hinkefuß hatten Ende 1919 das Wilhelmwerk aufgelöst und gingen fortan getrennte Wege. Im März 1921 übernahm Hinkefuß einen Gestaltungsauftrag für Mineralwasser-Etiketten der Hüther'schen Quelle „St. Florian". Im September 1921 entwarf er Einschlagpapiere in Gold für die Schokolade „Extra bitter". Stets fand das EH-Logo Deffkes dabei Verwendung. Mutmaßlich stammte auch der typografische Entwurf für die Wortmarke Mauxion von Deffke. Die Farbe Königsblau, bleu royale, welche bereits die Brüder Mauxion für ihre monochrome Schilderwerbung verwendet hatten, pointierte er mit dem Band-Symbol zu einem einprägsamen Werbeslogan. Mauxion, das war die „Schokolade des Blauen Bandes". Packungen, Einschlagpapiere für Schokoladentafeln, Anzeigen, Plakate, Aufsteller – alles zierte ein eleganter königsblauer Streifen in der Vertikalen. Die Idee für den Slogan stammte aus der zivilen Passagierschifffahrt. Die Reedereien der schnellsten Luxusliner lieferten sich auf der klassischen Nordatlantikroute zwischen Europa und Nordamerika einen Wettlauf um die begehrte Auszeichnung „Das Blaue Band des Ozeans". Ab 1897 dominierten die Deutschen den Wettkampf der Ozeanriesen, bis die britische „Lusitania", das luxuriöseste Schiff ihrer Zeit, im Oktober 1907 das Blaue Band für das Empire zurückeroberte. 1930 sollten erneut zwei Schiffe des Norddeutschen Lloyd, die „Europa" und „Bremen", die Auszeichnung erhalten. Da gehörte „Mauxion, die Schokolade mit dem Blauen Band" zur Bordverpflegung.

Verpackungen und Anzeigen

In der ersten großen Reklameoffensive (1925/26), entwarfen durchweg namhafte Gestalter, Plakatkünstler und Maler die Verpackungen, Tafeleinschläge und Inserate. Zu nennen sind Kurt Heiligenstädt (1890–1964), Julius Klinger (1876–1942), Hans Neumann (1873–1957), Carl Josef (C. J.) Bauer (1895–1964 oder 1897–1989), Hans Schultze-Görlitz (1878–1952) und Paul Casberg (1883–1946). Für Ernst Hüther gestaltete Heiligenstädt ab Ende 1924 eine Serie von Zeitungsinseraten, welche die Schokoladen und Dessert-Pralinen von Mauxion mit der Welt des niveauvollen Müßiggangs junger Damen mit Opernglas im Theater, mit Federfächer beim Ball oder Tanz-Tee, nach dem Ausritt oder in der Sommerfrische am Strand in Beziehung setzte. Doch auch die Welt der Arbeit – repräsentiert durch die junge Sekretärin mit Bubikopf an der Schreibmaschine und den Geschäftsmann im bürgerlichen Anzug und mit Aktentasche, der auf der Bahnfahrt oder im Fond eines Wagens Zeitung liest, legen dem Betrachter nahe, dass immer Zeit für ein Stück Schokolade ist, als kleiner Genuss oder als Nervennahrung in der Berufswelt.

Der gebürtige Österreicher Julius Klinger schuf 1925 Entwürfe im Stil des Art Nouveau-Plakats und des Scherenschnitts in schwarz-weiß: Für die Dame seines Herzens hält der Prinz und Minnesänger nicht nur Lieder und Liebesschwüre bereit, sondern auch Mauxion Schokolade, die von der Angebeteten hocherfreut angenommen wird. Und der Münchner Grafiker und Maler Carl Josef Bauer zeichnete junge Damen und mondäne Schönheiten der Ballsaison, aber auch Weihnachtsengel und kleine Putten auf dem Mauxion-Schlitten.

Hans Schultze-Görlitz entwarf für Mauxion etliche Anzeigen zwischen Koketterie und Verführung, von denen einige ganzseitig sogar als Titelblätter in der Leipziger Illustrierten Zeitung erschienen. Eine der größten Begabungen unter den Grafikern war der heute vergessene Paul Casberg (1883–1946). Seine Anzeigen spielten mit der Tierliebe für süße Hunde und stattliche Pferde.

Karin Hartewig

Anzeige, 1925. Gestalter: Schultze-Görlitz.

    Stilistisch ausgesprochen vielfältig war die Mauxion-Wer-
bung Ende der 1920er-Jahre. 1928 waren die Düsseldorfer
Genremalerin und Grafikerin Meta Plückebaum (1876–1945),
Eugen Schmidts (1898–1958) und K. G. Richter (Lebensdaten
unbekannt) tätig. Weiterhin war Hans Schultze-Görlitz an Bord.
Und der Werksfotograf und Leiter der Lichtbildstelle Ernst

Stadtmuseum Saalfeld *Stadtmuseum Saalfeld*

Abb. links: Entwurf für eine Packung Katzenzugen, 1928. Gestalterin: Meta Plückebaum. *Abb. rechts:* Toffees. 1928. Produktfotografie: EWO Meinel.

Wilhelm Otto („EWO") Meinel (?–1954), der 1925 ins Unternehmen eingetreten war und bis 1944 bleiben sollte, begann 1928 mit der Produktfotografie von Toffees und Packungen zu Werbezwecken. Damit zählte er zu den ersten, die das neue Medium für die Werbung nutzbar machten.

Die Mauxion-Welt war nun bevölkert von kleinen Buben, modernen jungen Frauen als Sports Girls, von flirtenden Paaren, Hotelpagen, von niedlichen Engeln, verspielten Katzen und Hundewelpen. Die Schokoladenwerbung verhieß Vieles: weiblicher Genuss, männliche Aufmerksamkeit und Verführungskunst, Muße und Nichtstun, aber auch die kleine Pause nach sportlichen Aktivitäten oder bei der Arbeit und nicht zuletzt das kindliche Vergnügen an etwas Süßem.

Kampagnen

Luftnummern

Nur der Konkurrent Stollwerck hatte bereits 1904 frei fliegende mit Gas oder Heißluft befüllte Ballons zu Reklamezwecken in den Himmel aufsteigen lassen. Mauxion setzte für Schauflüge um 1925 einen riesigen Freiballon ein. Unter der Leitung von Hugo von Abercron (1869–1945), einem ehemaligen Oberst der Luftschifferabteilung der Reichswehr, absolvierte der Ballon bis September 1926 vierhundert Reklamefahrten. Noch mehr Aufsehen erregte das Sportflugzeug Mauxion, genannt die „Schokoladenkiste". Das Unternehmen griff auf das Modell DP IIa der Dietrich-Gobiet Flugzeugbau AG aus Kassel zurück. Mit 60 Stück war die DP IIa zwischen 1924 und 1926 deren meistgebautes Sportflugzeug. Es kostete 16.500 Mark und zählte zu den erfolgreichsten Sportflugzeugen in Deutschland.

Geflogen wurde es von Hermann Heinze, einem ehemaligen Jagdflieger. Von ihrem Heimatflugplatz Weimar aus startete die D-514 in den Jahren 1925 und 1926 Reklameflüge, um über deutschen Städten Hunderttausende von Flugblättern abzuwerfen, die den Namen der Schokoladenfirma bekannt machen sollten. Flugzeuge waren in den 1920er-Jahren eine sportliche Attraktion der besonderen Art. Vom Flugfieber und vom Rausch der Geschwindigkeit ließen sich abenteuerlustige junge Männer und emanzipierte junge Frauen nur zu gern anstecken. Auch die Fabrikantentochter Ilse Hüther, nahm ihre ersten Flugstunden bereits mit 14 Jahren und absolvierte später den Pilotenschein. Flieger bereicherten die Welt der Sportidole. Über Flugschauen, auf denen sich die Hersteller, Konstrukteure und Flieger dem unmittelbaren Vergleich stellten, wurde berichtet wie über Pferde- oder Automobilrennen. Offenbar wurde die D-514 im Laufe des Jahres 1926 für Mauxion-Werbeflüge nicht mehr eingesetzt und die Flugabteilung aufgelöst. So blieb die Luftwerbung eine aufsehenerregende und kostspielige Eintagsfliege.

Bewegte Bilder

Der Unternehmer nutzte in den 1920er-Jahren ein weiteres, hoch modernes Medium: Werbefilme. Die ersten Kinos, welche die Großstädter leicht despektierlich „Kintöppe" nannten, zeigten sie im Vorprogramm. In dem Streifen „Schokoladenliebe" (1922) spielen neben einem Schokoladenmädchen und einem Schokoladenmann Amor und natürlich Mauxion Schokolade die Hauptrolle. „Die Barcarole" (1924) erzählt die Liebesgeschichte zwischen Romeo und Julia neu und mit ästhetisch außergewöhnlichen Mitteln. Darin geht die Liebe eindeutig durch den Magen. Denn weder Blumen, noch ein Ständchen bringen das Frauenherz zum Schmelzen. Nachdem der Nebenbuhler ausgeschaltet ist, kann Romeo die Geliebte mit Dessert-Pralinen von Mauxion gewinnen. „Die Barcarole" wurde von der Künstlerin Lotte Reiniger (1899–1981) als Silhouettenfilm sehr aufwendig in Scherenschnitt-Technik gestaltet. Ihre Auftragsarbeit für Mauxion kann als Vorarbeit für ihren ersten abendfüllenden Silhouettenfilm gelten, der zwei Jahre später in die Kinos kam und später ein Filmklassiker werden sollte: „Die Abenteuer des Prinzen Achmed" (1926, 65 Minuten).

Lotte Reinigers Filme wurden von der Werbefilm GmbH Julius Pinschewer (1910), Berlin produziert. Julius Pinschewer

Standbilder aus dem Sihouettenfilm „Schokoladenliebe" (1922). Künstlerin: Lotte Reiniger. Produktion: Werbefilm GmbH Julius Pinschewer.

(1883–1961) galt in den 1920er-Jahren als erste Adresse für das bewegte Bild, das manche Zeitgenossen „lebendiges Plakat" nannte. Zur Popularisierung des Mediums schrieb er 1913: „Der Film vermag zu zeigen, wie die Seife schäumt, die Schokolade schmeckt, eine wie feine Arbeit die Nähmaschine leistet, wie der Einkochapparat gehandhabt wird, wie reizend Kleidungsstücke sich dem lebenden Körper anpassen [...]." Produkte mit Erlebnissen zu verbinden und dabei nicht zu belehren, sondern gute Geschichten in überraschenden Bildern zu erzählen, dürfte auch Ernst Hüther fasziniert haben.

Werbefiguren

Sarotti hatte in Gestalt des kleinen Mohren mit Pumphosen, Schnabelschuhen, Turban und Kulleraugen seit 1920 auf eine Markenfigur gesetzt – eine Erinnerung an die schwarze Exotik der Kolonialwaren, zu denen auch Kakao und Schokolade gehörten. Die Keksfabrik Bahlsen hatte seinen Butterkeks mit Aufstellern beworben, die einen kleinen Jungen im bürgerlichen Matrosenanzug zeigten. Und Mauxion vertraute Mitte der 1920er-Jahre auf den umwerfenden Charme von Kleinkindern in „Echtfotos". So wurde der „Maux Bub" mit seinen blonden Locken und dem unwiderstehlichen Kinderlachen zur dominierenden Werbefigur. Nach Probeaufnahmen gab Peter Hillebrecht, der jüngste Sohn des Büroleiters und späteren Geschäftsführers des Mauxion'schen Autohofs, die Vorlage ab für die Werbefigur. Fortan war sein Bild auf Prospekten und in Anzeigen, auf Emaille-Schildern und Automaten und als Aufsteller in Geschäften und bei Messen zu sehen.

Direktvertrieb und Direktverkauf

Der Inhaber trimmte den reichsweiten Vertrieb der Mauxion-Produkte auf Effizienz und er schaltete auf diese Weise den Zwischenhandel aus. Die „reisenden Herren" von Mauxion führten in Musterkoffern ihr Sortiment mit sich und nahmen die Bestellungen entgegen. Zu den Kunden zählten nicht nur Spezialgeschäfte oder die großen Warenhäuser, sondern auch gut sortierte kleinere Kaufhäuser in der Provinz, Cafés, Restaurants sowie Bahnhofs- und Ausflugsgaststätten aller Art – von der bewirtschafteten Alm in den Alpen bis zu den Seebädern. An den großen Bahnhöfen und in den Speisewagen der MITROPA war die Schokoladen in „Taschengröße" und der Schokotrunk als Reiseproviant erhältlich. Und auch die ersten Fluggäste der JU mussten auf die bekannte Marke nicht verzichten. Als Bordverpflegung reichte man neben Butterkeksen von Bahlsen und Kirschlikör Schokolade von Mauxion.

Zum Direktvertrieb kam ab 1930 der Direktverkauf über das Automatengeschäft für den kleinen Heißhunger auf Süßigkeiten zwischendurch. Die Automaten ließen Kinderherzen höher schlagen. Und sie verschafften auch jener Kundschaft Zugang

sz-photo 00033150

Mauxion Schokolade als Bordverpflegung auf einem Lufthansa-Flug, 1928.

zu Schokolade, die nicht zu den besseren Kreisen zählte und die deshalb um den Fachhandel der Confiserien einen Bogen machte. Schokolade im Direktverkauf am Automaten oder Schokoladenproben gegen kleine Münze bot im ganzen Reich sonst nur Stollwerck, der Erfinder des Automatengeschäfts aus Köln, an. Ludwig Stollwerck hatte auf einer Reise in die USA Gefallen an den modernen Apparaturen gefunden und 1894 die „Deutsche Automaten-Gesellschaft Stollwerck" gegründet, die ein Jahr später bereits zahlreiche Modelle von Münz-Automaten anbot.

Nicht überall waren die stummen Diener willkommen. Stadt- und Gemeinderäte sorgten sich um eine „Verschandelung" des Ortsbilds. In Garmisch-Partenkirchen zählte die Gewerbepolizei 1931 vor 27 Geschäften insgesamt 23 Trumpf-Automaten, 20 von Sarotti und neun von Mauxion. Das Bezirksamt hätte die Automaten gerne entfernen lassen, dafür gab es aber baupolizeilich keine Handhabe. In Saalfeld gehörten die Mauxion-Automaten zum Stadtbild. Sie waren an jeder Ecke zu finden. In kindgerechter Höhe angebracht, übten sie auf die Schuljugend eine geradezu magische Anziehungskraft aus. Der österreichische Schriftsteller Thomas Bernhard, der als kränkelndes Kind während des Zweiten Weltkriegs nach Saalfeld „kinderlandverschickt" worden war, erinnerte sich in seiner Autobiografie an die allgegenwärtigen Schoko-Spender

Stadtmuseum Saalfeld

Der „Maux-Bub" als Automatenbild 1928.

mit ihren Köstlichkeiten. Mauxion brachte nicht nur Automaten mit Süßigkeiten für den Kindergeschmack in Umlauf. Für Erwachsene gab es Schokolade oder Pralinen. Feuerrote Standautomaten „verabfolgten" abwechselnd Schokolade in den Sorten Vollmilch, Haselnuss und Halbsüß und dazu Schokokaramellen. Sie hatten sogar einen ovalen Spiegel, in dem sich die Kundschaft im Augenblick des Wartens betrachten konnte. In größeren Bahnhöfen und Umsteigebahnhöfen mit regem Fahrgastverkehr bot Mauxion Pralinen und Schokoladen in Reisegrößen durch fliegende Händler an. Mit ihrem Bauchladen riefen sie, in einer Art Pagenuniform gekleidet, die Ware an den Bahnsteigen aus und verkauften sie über das geöffnete Abteilfenster an die Fahrgäste. Auch fahrende Buffets mit formell gekleideten Verkäufern als Kellnern gehörten auf dem Bahnsteig zum Service. Sie verkauften unter anderem auch Mauxion Schokoladenmilch in Flaschen. Ganz gleich, ob man in die Ferne aufbrach oder von einer Reise zurückkehrte. Mauxion war immer schon da! Nicht zuletzt die Reklameschilder aus Emaille an den Bahnhöfen gaben den Reisenden ein vertrautes Bild. Eine Neuheit für den Straßenverkauf auf Bahnhöfen, in Parks, Gartenlokalen, bei Sportveranstaltungen und in der Gastronomie von Messen und Ausstellungen brachte die „Schokofontäne" – eines der ersten Kakaogetränke „to go". Aus dem Behältnis, das die Form einer großen Milchkanne hatte, wurde der kalte Schokoladentrunk frisch in den Becher gezapft und in der Regel an Ort und Stelle getrunken. Der Druck der Kohlensäure konservierte das Getränk gleichzeitig. Fahrende „Küchenautos" boten die Schokomilch im Straßenverkauf auch als Heißgetränk an.

Darüber hinaus folgte Mauxion dem Prinzip der Flagship-Stores, das auch andere Markenhersteller praktizierten: Nur wenigen handverlesenen Mauxiongeschäften in ausgesuchten Großstädten kam die Funktion von exklusiven Markenfilialen und damit von Schaufenstern des Besonderen zu. Fast immer handelte es sich um eine Kombination aus einem Ladengeschäft und einer Konditorei. Einen Flagship-Store nebst

Konzert-Café unterhielt Mauxion in der mondänen Berliner Friedrichstraße 176–179, sowie in Leipzig die Mauxion-Konditorei „Pavillon" am Augustusplatz, Hinter dem Museum, mit Verkaufsstand außer Haus und Tanzfläche für den Fünf-Uhr-Tee, dazu seit 1925 die Mauxion-Schokoladenstube mit Ladengeschäft in Garmisch-Partenkirchen, einem Ort, der sich schon vor 1914 zur angesagten Sommerfrische entwickelt hatte und der nach 1920 zunehmend zur Destination für den Wintersport wurde. In Breslau bestand ein reiner Flagship-Store.

Großer Auftritt

Vergleichsweise spät, aber außerordentlich publikumswirksam setzte sich Mauxion auf Messen in Szene. Die II. Internationale Hygiene-Ausstellung in Dresden (1930) bot mit der zeitgleichen Eröffnung des neu erbauten Hygienemuseums nach den Entwürfen des Architekten Wilhelm Kreis eine gute Gelegenheit zur Werbung in eigener Sache. Die Neueröffnung des Museums war nach der vielbeachteten Ersten Hygieneausstellung im Jahre 1911 mit Spannung erwartet worden. Der „Gläserne Mensch" (Mann), dem 1935 die „gläserne Frau" folgen sollte, wurde schnell zur bekanntesten Attraktion. Der neue Typus des aufklärerischen Sozialmuseums war den neuesten Erkenntnissen der Medizin, der Biologie und der Volksgesundheit verpflichtet. Die Ausstellung, die 1930 stattfand, wurde wegen des großen Erfolges im darauf folgenden Jahr wiederholt.

In diesem Umfeld konnte sich Mauxion mit seinem Schokotrunk und seinen Schokoladen als Meister der Kraftnahrung und des gesunden Lebens präsentieren. Ähnlich wie der „Kathreinergarten" – der Pavillon des Malzkaffee-Herstellers Kathreiner –, wurde auch der Mauxion-Pavillon mit seiner Schokofontäne auf dem Ausstellungsgelände zum Publikumsmagneten. Die Architektur verströmte das Flair der Neuen Sachlichkeit. Und die angebotene Schokomilch hatte als Getränk für Jung und Alt das Zeug zum Volksprodukt.

Mauxion-Pavillon im Park der Internationalen Hygieneausstellung in Leipzig,
Postkarte 1930.

Von der Ausstellung, ihren Themenhallen und den Pavillons im
Park wurden Fotopostkarten vertrieben. Für die fotografische
Dokumentation und ihre Vermarktung hatten im April 1930 die
Dresdener Fotografen Else Seifert, Wilhelm Moeck, Hermann
Schulze, Rudolf Rost, Hans Höhne und Otto Wehlitz die „Aus-
stellungs-Photographen I.-G. der Internationalen Hygiene-Aus-
stellung Dresden" gegründet, welche die Aufträge und den Ge-
winn unter den beteiligten Fotografen aufteilte.

Für Mauxion war dies eine kostenlose Werbung. Darüber hinaus brachte das Unternehmen 1931 aus Anlass der Ausstellung aber auch eigene kolorierte Bildpostkarten der Schokoladenfabrik in Umlauf, als Erinnerung an die III. Internationale
Hygiene-Ausstellung und als Stadt-Marketing: „Saalfeld, die
Stadt der Mauxion-Schokolade" war auf der Rückseite zu lesen.

Auch unter den Ausstellern auf der Leipziger Messe, *der* füh-
renden Messe für „Export-Propaganda", war die Mauxion Schokoladenfabrik mbH im Herbst 1930 mit einem großen Stand im

Süßwaren-Meßhaus in der Grimaischen Straße erstmals prominent vertreten. Auf der Herbstmesse des folgenden Jahres begnügte man sich mit einem deutlich kleineren Stand. Ab 1932 blieb man der Messe wieder fern. Die Präsenz der Schokolade aus Saalfeld war ein kurzes Intermezzo.

Aber auch sonst erregte die Schokoladenfabrik Aufmerksamkeit. 1931 wurde Mauxion in der Schriftenreihe „Musterbetriebe deutscher Wirtschaft" vorgestellt. Aus allen Branchen hatte die Redaktion jeweils „eines der größten und interessantesten Unter-

Leipziger Messe GmbH, Unternehmensarchiv KAT G 789

Katalog zur Leipziger Herbstmesse 1930.

nehmen" ausgewählt, um es „in seiner Eigenart" vorzustellen. Die hochmoderne Schokoladenfabrik aus Saalfeld repräsentierte die deutsche Schokoladenindustrie.

Corporate Identity

Die Zeitgenossen nannten es „innerbetriebliche Werbung" – heute spricht man neudeutsch von „Corporate Identity". Damals wie heute geht es um die Bedeutung der Unternehmenskultur. Jenseits aller denkbaren Maßnahmen betrieblicher Sozialpolitik wurden – gerade in Familienunternehmen mit starken Gründerpersönlichkeiten und patriarchalisch-autoritären

Unternehmern – Mittel und Instrumente ersonnen, um die Stammbelegschaft in das Betriebsgeschehen einzubinden und sie auch emotional an die große „Werksfamilie" zu binden. Man suchte und fand einen „Weg zur Seele der Schaffenden". Hausmitteilungen, Werkszeitungen und -zeitschriften galten als ideales Medium für die betriebsinterne Öffentlichkeitsarbeit. Mitten in der Weltwirtschaftskrise beauftragte Ernst Hüther seinen Werbeleiter Walter Möller mit der Gründung einer Werksmitteilung. Im November 1931 war es soweit. „Der Maux-Bub.", der sich etwas hochtrabend „Nachrichtendienst und Berichterstattung" nannte, erblickte das Licht der Welt. Das Logo, das blaue Band und die Werbefigur des blonden Jungen „mit dem goldigen Lächeln" zierten das Blättchen. Es sollte im Wochentakt erscheinen und den Umfang eines Handzettels oder allenfalls eines kleinen Prospekts von vier Seiten haben. Der „Maux-Bub" folgte dabei dem Grundsatz der Belehrung und Unterhaltung. Ausgewählte Artikel, Meldungen und Berichte rund um die Schokoladenindustrie, die bereits in Fachblättern und Illustrierten erschienen waren, kamen zum Nachdruck. Über die Teilnahme Mauxions an Messen und über andere Neuigkeiten wurde in Wort und Bild berichtet. Motive aus der eigenen Anzeigenwerbung illustrierten die Mitteilungen.

Ein anderes Medium zur Pflege der Unternehmenskultur waren Schlager und Firmenhymnen. Auch Mauxion hatte sein Lied. „Der Maux-Bub" wies auf den neuen Schlager hin. Weil in Saalfeld die überwiegende Mehrheit der Stamm- und Saisonkräfte aus jungen unverheirateten Frauen bestand, hieß der Motivationssong, dessen Text wohl 1931 geschrieben worden war, „Die Mädels von Mauxion". Es bildete den Höhepunkt und Abschluss von Betriebsfeiern und „bunten" Abenden.

Werbungskosten und Wirtschaftskrise

Wie viel dem Unternehmer unmittelbar nach dem Krieg die Entwicklung eines modernen Markenlogos und das neue

Corporate Design für Mauxion wert waren, ist nicht bekannt. 1925 jedenfalls investierte Ernst Hüther die sagenhafte Summe von 2,5 Millionen Reichsmark in die Reklame bei einem Umsatz von 16,5 Millionen Reichsmark. 1927 waren es noch immer gut 1 Million Reichsmark gegenüber einem Jahresumsatz von 13,2 Millionen Reichsmark. Das entsprach Aufwendungen für die Werbung von 15,1 (1925) und 7,7 (1927) Prozent des Umsatzes. Auch wenn die Umsätze der Schokoladenfabrik in den folgenden Jahren in absoluten Zahlen sanken – mit Ausnahme der Jahre 1928 und 1929 – und die Ausgaben für Reklame reduziert wurden, ließ sich der Unternehmer auch in den Jahren 1928 bis 1933 Werbung bis zu 6,6, Prozent des Jahresumsatzes kosten. Branchenüblich waren bei Nahrungs- und Genussmitteln in den 1930er-Jahren zwei bis sechs Prozent. Die unternehmerische Entscheidung spiegelt vielerlei: ein besonderes Qualitätsbewusstsein, ein Faible für alle Fragen der Ästhetik und Gestaltung; optimistische Erwartungen in eine Fortsetzung der guten Konjunktur für Schokolade nach 1924 und schließlich ein hohes Maß an Selbstvertrauen, auch in wirtschaftlich volatilen Zeiten und selbst in der Weltwirtschaftskrise (1929–1934) mit Schokolade im Premium-Segment Erfolg zu haben.

Denn die Zeiten für Markenschokolade waren hart. Die Branche hatte Mitte der 1920er-Jahre einen schmerzhaften Konzentrationsprozess erlebt: Von 340 Schokoladenfabriken (1924/25) waren über die Hälfte der Unternehmen auf der Strecke geblieben. Ab 1925 waren noch 165 Fabriken in Betrieb. Nach der Bereinigung des Marktes reduzierte wenige Jahre später die Massenarbeitslosigkeit die Kaufkraft der Menschen und ließ den Konsum einbrechen. Die Weltwirtschaftskrise, die 1929 begonnen hatte, aber in manchen Branchen bis 1935 andauerte, hatte eine Vielzahl von Konsum- und Eigenmarken der neuen Billig- und Einheitspreisgeschäfte, des alten Filialhandels wie Tengelmann oder Kaiser's Kaffee und der Konsumgenossenschaften wie der Edeka hervorgebracht und den Preisdruck auf Markenprodukte enorm erhöht. Die

„Schundware durch Konsumfabriken" sorgte dafür dass, die Umsätze auch bei Mauxion abschmolzen. Sie sanken von 14 Millionen Reichsmark (1930) auf knapp elf Millionen (1931) und schließlich auf 7 Millionen (1933). Die 1920er-Jahre hielten für Unternehmer zahlreiche Fallstricke und Verwerfungen bereit: die kriegsbedingte Inflation nach dem Ersten Weltkrieg, die Hyperinflation, die Stabilisierungskrise, die kurze Phase des Aufschwungs und schließlich die Weltwirtschaftskrise. Doch sie boten auch viele Chancen: Billige Kredite ermunterten den mutigen Unternehmer zu Investitionen. Auch war die Zeit günstig für den Aufbau und die Etablierung einer Marke durch exzessive Reklame. Andererseits drohten im neuen Massenkonsum der Billigprodukte nach 1929 Einbußen an Marktmacht.

Die Schokoladenfabrik im Dritten Reich

Netzwerke

1933 sah Ernst Hüther die Schokoladenindustrie noch ganz in der Abwärtsspirale der „vorangegangenen 10-jährigen Verelendungswirtschaft" gefangen. Für seine Fabrik sah er erst im zweiten Quartal 1934 Licht am Ende des Tunnels. Endlich gelang es ihm, den Betrieb wieder anzukurbeln, obwohl in der Branche gerade die Monate April bis Juni stets die schwächsten Umsätze des Jahres generierten.

Der risikobereite Unternehmer, der in seiner privaten Lebensführung auf verschwenderischem Fuß lebte, finanzierte die Schokoladenfabrik und den standesgemäßen Haushalt über mehrere Kredite bei der Deutschen Bank in Saalfeld, der Disconto-Gesellschaft in Nürnberg und vor allem der Dresdener Bank in Erfurt sowie deren Tochter der Deutsch-Südamerikanischen Bank in Berlin. Ende Juni 1933 beliefen sich die Verbindlichkeiten auf über 3 Millionen Reichsmark. Die Grundschuld zur Absicherung der Forderungen betrug insgesamt über 4 Millionen. Als in der Weltwirtschaftskrise die Unternehmensumsätze bei unverändert hohen Entnahmen für den persönlichen Aufwand schrumpften, bestanden die Banken 1932 auf einer schärferen Kontrolle. Es kam zum Streit, der weite Kreise in die Politik zog. Im September 1933 war der Thüringische Ministerpräsident Willy Marschler (NSDAP) von den Banken um eine Stellungnahme gebeten worden. Doch Marschler wollte sich nicht zur Stimme der Banken machen lassen. Die Schokoladenfabrik ihrerseits spielte die politische Karte zurück, indem sie 1934 einen

NSDAP-Mann zu ihrem Sachwalter bestellte: Dr. Bernhard Endrucks, ein überzeugter Nationalsozialist auf der Suche nach einer Möglichkeit, Karriere zu machen, zog für Ernst Hüther sämtliche Register nationalsozialistischer Polemik gegen das verhasste und gierige „Finanzkapital". Hüther selbst blies den Konflikt mit den Kreditinstituten zum Präzedenzfall der neuen Zeit auf. Er kündigte entschlossene Gegenwehr an dagegen, dass die „einseitige Kapital-Diktatur der Großbanken" „blühende Betriebe" wie den seinen vernichte. Am 1. November 1935 verschaffte der Völkische Beobachter, das Zentralorgan der NSDAP, in seinem Artikel „Ein Fall von Zinsknechtschaft" der gedruckten Polemik aus der Feder Bernhard Endrucks „Die Freundschaft der Banken und ihr wahres Gesicht" eine größere Öffentlichkeit. „Zinsknechtschaft" galt der NSDAP schon 1920 als Synonym für das Bank- und Finanzwesen schlechthin.

Die Banken reagierten kühl. Da Hüther seit 1932 keine Kredite mehr bedient hatte und seit Mitte März 1934 auch die Zinszahlungen ausgeblieben waren, setzten sie das Unternehmen in Verzug und reichten beim Landgericht Rudolstadt Klage ein, um jeweils eine Kreditrückzahlung von 200.000 Reichsmark zu erwirken.

Doch in Thüringen hatte man kein Interesse an einem Wirtschaftsskandal. Auf Betreiben des Gauwirtschaftsberaters der NSDAP, Otto Eberhard, gelang es im Sommer 1936, die Wogen zu glätten und den Konflikt beizulegen. Eberhard vereinigte viele Ämter und Posten. Er war Thüringischer Staatsrat, Vertrauter des Gauleiters und Reichsstatthalters in Thüringen Fritz Sauckel, Geschäftsführer der Fritz-Sauckel-Stiftung, ab 1936 Vorsitzender Finanzrat der Wilhelm-Gustloff-Stiftung und stellvertretender Vorsitzender der Thüringischen Staatsbank.

Die politische Elite im nationalsozialistischen Thüringen stellte sich gegen die Banken hinter Ernst Hüther. Um eine Pfändung abzuwenden, beglich Hüther den geforderten Betrag zügig in vier Raten. Dessen ungeachtet war er zunächst entschlossen, den Prozess weiterzuführen. Doch Anfang Juli 1936 war der Unternehmer im „Bankenvertrag" zu Konzessionen bereit. Der Druck der Politik hatte die Forderung der Finanzinstitute nach einer besonderen Kontrolle des Unternehmens abgewendet. Die anziehende Konjunktur entspannte zudem die ökonomische Lage und erleichterte die Bedienung der Kredite. Die Schokoladenfabrik sagte eine jährliche Tilgung von 125.000 Reichsmark, eine Vorlage der Bilanzen und eine alljährliche Betriebsprüfung zu.

Geschickt hatte der Schokoladenfabrikant die neuen politischen Netzwerke und die antikapitalistische Propaganda der NSDAP genutzt, die sich nach 1933 eröffneten: Die verbreiteten und im Kern antisemitischen Ressentiments gegen die Banken halfen ihm, seine Interessen durchzusetzen und die Konditionen der Kreditfinanzierung am Ende sogar zu seinem Vorteil zu wenden. Doch es war ein Sieg um Haaresbreite.

Seitdem bemühte sich Hüther um freundliche Beziehungen zum Büro des Gauwirtschaftsberaters Thüringen. Am 26. September 1937 schickte er an Walter Schieber, den zweiten Mann nach Fritz Sauckel, das gesamte Material der „Mauxion Betriebsgemeinschafts-Fahrt" zur Leistungsschau Thüringens nach Weimar, nebst dem mehrseitigen, reich illustrierten Bericht der „Thüringer Gauzeitung" über das Ereignis. In einer Belegschaftsstärke von 1300 Personen waren die „Mauxianer" und der Schokoladenkönig in zwei KdF-Sonderzügen zur Ausstellung „Leistungsschau Nationalsozialistischer Rechenschaftsbericht Thüringens" nach Weimar angereist. Die Ausstellung im Weimarer Schloss feierte den fünften Jahrestag der nationalsozialistischen Landesregierung im „Mustergau" Thüringen (1932) und den zehnten Jahrestag des Amtsantritts Fritz Sauckels als Gauleiter (1927). Die Schau zeigte die bislang geleistete „Aufbauarbeit" für das neue Weimar. In seiner Ansprache in Weimar sagte Ernst Hüther der neu gegründeten „Fritz Sauckel-Stiftung Leistung der Schaffenden" seine Unterstützung zu. Mit dieser Stiftung wollte Sauckel Weimar zur zweiten Stadt im Reich werden lassen.

Unternehmerische Freiheiten

1934 bezeichnete Ernst Hüther als „das erste wirtschaftliche Normaljahr nach einer Periode stärkster Depression für die Markenerzeugnisse". Ausgerechnet in diesem Jahr wurde er mit Regulierungen der neuen nationalsozialistischen Wirtschaftspolitik konfrontiert. Ein kompliziertes und überbürokratisiertes System der Lenkung erschwerte den Betrieben die schnelle Expansion und die freie Steigerung der Produktion. Die Regulierungen wirkten in ihren Augen wettbewerbsfeindlich. Zu den wirtschaftspolitischen Instrumenten der Deckelung zählte die Kontingentierung von Rohstoffen. Ernst Hüther betrachtete sie als Anschlag des Staates auf die unternehmerische Freiheit. Denn der Treuhänder für Rohkakao legte bei der ersten Zuteilung 1934 die Verarbeitungsmenge des Jahres 1924 zugrunde und für die Folgejahre einen Durchschnittswert der Dekade von 1924 bis 1933. Und er genehmigte nur rund 3.300 t, während die tatsächliche Kapazität der Fabrik im ersten Jahr bei 5.000 t und später bei 6.000 t lag. Der Ausbau des Werkes ab 1924 und die Verdoppelung der Herstellungskapazität sowie die erhebliche Vergrößerung der Belegschaft waren für die Wirtschaftsbürokratie keine Argumente. Wachstum wurde für den Schokoladenfabrikanten zum Problem.

Hüther protestierte umgehend gegen eine Verteilung nach „Kautschuk-Schema" und kritisierte darüber hinaus die verordneten Quoten für die zweckgebundene und die freie Verwertung des Kakaos. Außerdem verweigerte er die Ablieferung der im Verarbeitungsprozess des Rohkakaos anfallenden Kakaobutter an eine andere Schokoladenfabrik. Hier sah sich der streitbare Unternehmer im Jahr 1937 von der „Wirtschaftlichen Vereinigung der Deutschen Süßwarenwirtschaft" (WV S) schlecht behandelt und ungerechterweise mit einer Ordnungsstrafe von 5.000 Reichsmark belegt. Nach etlichen vergeblichen Vorstößen bei der WV S intervenierte Hüther im Mai 1937 mit der Anrufung des Schiedsgerichts des Branchenverbandes und mit einer Dienstaufsichtsbeschwerde beim

Reichsministerium für Ernährung und Landwirtschaft. Er setzte auch die Deutsche Arbeitsfront (DAF) und die Vertretung des Landes Thüringen beim Reich von dem Streit in Kenntnis und schaltete am Ende sogar die „Kanzlei des Führers" ein. Minutiös listete der Unternehmer alle Details der „Ungerechtigkeit, die Mauxion in der Rohkakao-Kontingentierung widerfahren ist", auf und forderte Abhilfe und Genugtuung für Anordnungen von ruinöser Wirkung. Der Schokoladenfabrikant sah seine unternehmerische Freiheit beschnitten durch eine Institution, die sich von einem Interessenverband der Branche verwandelt hatte in eine halbstaatliche Behörde der Wirtschaftslenkung.

Nach einer ausufernden Materialsammlung zum Thema Rohkakao und seiner Verarbeitung durch Mauxion, die einem wachsenden Kreis von Adressaten in Partei und Staat zur Kenntnis gebracht wurde, und nach mehreren Vorgesprächen kam der Konflikt erst im Mai 1938 zu einem Abschluss. Im Ergebnis verfügte das Ernährungsministerium, dass Hüther seinen Einsparungspflichten und der Verpflichtung zur Ablieferung der Kakaobutter nun endlich nachzukommen hatte. Immerhin aber wurde Mauxion ein doppeltes Kakaokontingent von nun 800 Dezitonnen zur Schokotrunkproduktion zugestanden, weil inzwischen nicht nur die Schulen mit einem Schulmilchfrühstück beliefert wurden, sondern auch Betriebskantinen und der Reichsarbeitsdienst, die SA, die SS und die Jugendlager der Hitlerjugend als Gliederungen der NSDAP. Als Bußgeld gegen alle begangenen Verstöße wurde eine Zahlung von 20.000 Reichsmark festgesetzt.

Diesen Kampf hatte der Fabrikant verloren. Aber es hätte auch schlimmer kommen können. Anstandslos bezahlte er die üppige Ordnungsstrafe und fügte sich der Entscheidung des Ministers. Das Reichsernährungsministerium teilte mit der WV S die Kritik am Verhalten des Unternehmers. Hüther habe jede Rücksicht auf die Rohstofflage vermissen lassen, er habe die Gefolgschaft vergrößert und, nachdem das Rohmaterial in der Hälfte der Zeit verarbeitet war, alle erreichbaren Stellen mobil gemacht, um eine Freigabe von Zusatzkontingenten zu erwirken. Alle Beteiligten, einschließlich der Kanzlei des Führers, fühlten sich erpresst und reagierten verschnupft. Ihre Vermittlung erfolgte ausschließlich im Interesse der Stammbelegschaft und der Aufrechterhaltung der Produktion. Ein zweites Mal wollte man auf keinen Fall zu Gunsten des Unternehmens eingreifen. Ernst Hüther, der im Interesse seines Unternehmens die Grenzen des Machbaren ausgelotet hatte, erschien es nun offenbar opportun, Parteimitglied zu werden. Am 4. Oktober 1937 entschloss er sich zum Eintritt in die NSDAP. Sein Beitritt wurde mit der Mitgliedsnummer 5.603.569 zurückdatiert auf den 1. Mai 1937. Die Mitgliedskarte wurde am 2. März 1939 ausgestellt. Der Streit um Kontingente und Produktionsquoten sollte nicht der letzte Konflikt mit der Wirtschaftsbürokratie bleiben.

Produkte und Werbung

Mitte der 1930er-Jahre bot Mauxion noch immer ein reiches Sortiment an Erzeugnissen an. Der Musterkatalog für die Vertreter versammelte für das Jahr 1935 Fotos, Arrangements und Preislisten für Tafelschokoladen, Pralinen in diversen Preislagen, Kakao und Trinkschokolade und ein ansprechendes Sortiment von Saisonartikeln für Ostern und Weihnachten. Auch die Schokoladenfabrik leistete ihren Beitrag zum kleinen Wirtschaftswunder des Dritten Reiches.

Ein Jahrzehnt zuvor war der Grundstock gelegt worden, um Mauxion als bekannte Marke zu etablieren. Das Corporate Design erwies sich als zeitlos – denn es war vor allem dekorativ, manchmal elegant, vor allem aber nur gemäßigt modern. Die Werbung richtete sich an alle, die sich einmal etwas gönnen wollten, aber auch an eine zahlungskräftige und auf soziale Distinktion bedachte Oberschicht. Aus Anlass der Mariánské Lázně Open, dem renommierten Golfturnier im mondänen tschechischen Marienbad, warb die Schokoladenfabrik mit

MAUXION STANDARD-PRALINEN-MISCHUNGEN

Listen-Nr.		Listen-Nr.		Listen-Nr.
1/2, 1/4 OK Stanniol 254/5	1/1,1/2,1/4 Auswahl 303/5	1/1, 1/2, 1/4 Indra 383/5
1/1,1/2,1/4 Purpur 263/5	1/1,1/2,1/4 Thuringia 343/5	1/2, 1/4 Olympia 404/5
1/2,1/4 Herbkonfekt 244/5	1/1,1/2,1/4 Astra 353/5	3/4, 1/2, 1/4 Rotfein 423/5

Mauxion Standard-Pralinen-Mischungen", Auszug aus dem Vertreterkatalog „Illustrationen", 1935.

dem neuesten Artikel den „Edelbitter Mauxion-Mokka-Kola-Blättern". Sie versprach dem Amateurspieler auf dem heimischen Golfplatz ein Mehr an Konzentration.

In der zweiten Hälfte der 1930er-Jahre konzentrierte sich die Schokoladenfabrik immer stärker auf die Herstellung von Milchmixgetränken. Die Schokoladenmilch passte vorzüglich in die nationalsozialistische Konsumwelt der Volksprodukte und konnte darüber hinaus als gesunde, nahrhafte und leistungssteigernde Erfrischung angeboten werden. Insofern erwies sich die Verdoppelung des Kakaokontingents für Getränke mittelfristig als Sieg des Unternehmers. Den fliegenden

Händler mit ihren Schokofontänen auf dem Rücken eröffneten sich neue Möglichkeiten. Sie bewarben den Schokotrunk bereits vor der Olympiade 1936, die im Sommer in Berlin und im Winter in Garmisch-Partenkirchen stattfand, als „Sportgetränk". Ludwig Fuchs, ein rühriger Münchener Händler, war 1934 auf dem Münchener Oktoberfest und auf dem NSDAP-Reichsparteitag mit seiner Schokofontäne unterwegs und beantragte im Dezember 1934 auch für Garmisch-Partenkirchen und seine Sportanlagen die Konzession zum

Meisterschaften der Tschechoslowakei

Wie schon im Vorjahr wurden die Meisterschaften der Tschechoslowakei für Golflehrer und Amateure auf dem 18-Löcher-Platz zu Marienbad ausgetragen. Die Anlage eignet sich auch vorzüglich für eine solche Veranstaltung, da sie über eine große Anzahl von Löchern guter Länge verfügt und auch mit ihren z. T. schmalen Grüneingängen recht genaues Spiel erfordert. Sehr bedauerlich war es daher, daß die Grüns durchaus nicht auf der Höhe waren. Der Marienbader G. C. wird gut daran tun, der Grünpflege er-

höhte Aufmerksamkeit zu schenken, soll sein Golfplatz die volle Werbekraft behalten.

Die Besetzung der Offnen litt sehr unter dem Zusammentreffen mit einer gleichzeitigen englischen Veranstaltung. So war von drüben nur der Verteidiger Mark Seymour gekommen, der denn auch seinen Titel ohne allzugroße Mühe halten konnte. Er war von Anfang an in guter Form und spielte vier Runden von 74, 72, 73, 76 = 295, die man in Anbetracht der Grüns und eines wahrhaft atemberaubenden Regen-

Köstlicher Genuß feiner Bitterschokolade in Verbindung mit der erfrischenden und belebenden Wirkung von Kolanuß und Koffee: **Geistige Konzentration** und Energie-Entfaltung, Steigerung der körperlichen und geistigen Leistungsfähigkeit

Bitte verlangen Sie unsere neuen »**MAUXION · MOKKA · KOLA · BLÄTTER**« (als 100 gr Tafel: Mokka-Kola-Edelbitter und Vollmilchbitter) **auch auf Ihrem Golfplatz!**

Anzeigenwerbung für „Mauxion-Mokka-Kola-Blätter". Die Deutsche Golfzeitung, 1936.

Ausschank. Der beigelegte Prospekt gab einen Eindruck von den Kannenfontänen in der Form großer Milchkannen, die zugleich als Werbeträger fungierten. Sie warben unter anderem für das Mauxion-Hotel „Roter Hirsch" in Saalfeld und für den renommierten Sport-Club Charlottenburg, der als Mauxion-Sportgetränk „Citronen-Milch" anbot. In Garmisch erteilte die Gewerbepolizei dem Händler aus Rücksicht auf die Interessen der örtlichen Gaststätten jedoch keine Konzession.

Ein riesiger Aufsteller, der als Blickfang einer monumentalen Ausstellungspräsentation in der werkseigenen Tischlerei gefertigt worden war, zeigte die bekannte Werbefigur für Schokomilch und verwies auf das neue Geschäft mit den

Der „Maux-Bub" in der Tischlerei von Mauxion, 1937.

Großkunden, das sich im Dritten Reich für Hersteller von Nahrungs- und Genussmitteln in Friedens- und Kriegszeiten als ausgesprochen lukrativ erweisen sollte, weil Lieferverträge und Abnahmegarantien für große Mengen das unternehmerische Risiko minimierten. Das Unternehmen empfahl seine Erzeugnisse – vom Kakaopulver über den Schokotrunk bis zum Schokoschnee -, als Speisung der Millionen. Das Angebot richtete sich an die Verpflegungsämter von Wehrmacht, Polizei und Reichsarbeitsdienst, an die Schulen und Betriebe, welche die Schulspeisung und die Kantinenverpflegung in Großküchen organisierten, an die Veranstalter von Sportveranstaltungen und selbstverständlich noch immer an den Handel.

Verstärkt zogen die Firmenfahrzeuge die Aufmerksamkeit der Passanten auf sich. Die Flotte von Lieferwagen bewegte sich als rollende Werbung durch das Reich. Fahrzeugreklame hatten viele, doch für Mauxion arbeitete Heinrich Bickel. Der Freskenmaler aus dem Werdenfelser Land, der für die Fassaden der Gebäude in Garmisch-Partenkrichen und in Saalfeld zu Ernst Hüthers Hauskünstler geworden war, malte seine bewegten und farbenfrohen Bauernfiguren auf die Wagen. Er zeigte kraftstrotzende Körper bei Arbeit, Sport und Spiel, aber auch bärenstarke Wikinger-Männer, die den dampfend heißen Schokotrunk aus Füllhörnern konsumierten. Auch der Mauxion-Laden in Saalfeld erhielt ein monumentales Wikinger-Wandbild.

Die nationalsozialistische „Betriebsgemeinschaft Mauxion"

Nach 1933 schlug die Schokoladenfabrik einen Weg ein, den auch andere Unternehmen gingen: Finanzielle Mittel, die nicht in die kommerzielle Werbung investiert wurden, flossen steuerbegünstigt zum betrieblichen Vorteil und zugleich als Ausweis politischer Loyalität in den Ausbau der nationalsozialistischen „Betriebsgemeinschaft". Viele Unternehmer waren für die Ideen der DAF und ihr Amt „Schönheit der Arbeit", für ihre Wettbewerbe um Auszeichnungen, Diplome und Ehrennadeln sowie für die Initiativen der Gemeinschaft „Kraft durch Freude" (KdF) empfänglich.

Ernst Hüther zeigte sich für alle Initiativen sehr aufgeschlossen. Das Unternehmen, das bereits 1931 zu den Musterbetrieben zählte, baute seine Wohltaten aus und bot nach 1933 eine Vielzahl weiterer freiwilliger sozialer Leistungen für die „Gefolgschaft". Es spendierte Geldpreise für die Sieger im „Jugendberufswettkampf" und gewährte Sonderzahlungen bei Eheschließungen, die ganz im Dienst der NS-Bevölkerungspolitik standen. Das Lebensmittelgeschäft auf dem Werksgelände verkaufte weiterhin seine Waren zu Vorzugspreisen an die Mitarbeiter. Die betriebsärztlicher Untersuchungen, die bereits vor 1933 bestanden, wurden ausgebaut, Betriebsfürsorgerinnen kümmerten sich um die Bedürfnisse der weiblichen Belegschaft. Weiterhin bot die Werksbücherei Lesestoff zum Ausleihen. Hinzu kamen ein Werkskindergarten, ein Pausenhof mit der Anmutung eines sommerlichen Gartenlokals, das Mauxion-Bad an der Saale, und die Schrebergartenkolonie für Mitarbeiter (1937).

Ob Mauxion sich am „Leistungswettkampf" der DAF, der ab 1936/37 um Diplome und Auszeichnungen zum NS-Musterbetrieb und ab 1942 zum Kriegs-Musterbetrieb ausgeschrieben wurde, beteiligte, wie es unter anderem Dr. Oetker oder Bahlsen Keks taten, ist nicht überliefert. Als „Musterbetrieb der deutschen Wirtschaft" galt Mauxion bereits seit 1931. Artikel, die in der NSDAP-nahen Presse über Mauxion erschienen, waren aber hochwillkommen. 1933 reisten hundert Journalisten mit dem deutschen Schienenzeppelin zum Thüringer Pressetag nach Saalfeld. Der illustrierte Bericht im Saalfelder Kreisblatt vom 14. und 15. März 1933 zeigte „Zwei Weltberühmtheiten auf einem Bild: Mauxion und der Schienenzep". Hinter dem Schnellzug „Rasender Saalfelder" erhob sich die Schokoladenfabrik. Im selben Jahr würdigte die Thüringische Staatszeitung „Der Nationalsozialist" in einem Sonderdruck Mauxion als deutschen Musterbetrieb. Aus der Perspektive des Unternehmers war jede gute Nachricht über Mauxion kostenlose Werbung.

Zum „Tag der Nationalen Arbeit" am 1. Mai wurden alljährlich „Betriebsappelle" veranstaltet. Danach zog die Belegschaft in geschlossener Formation durch Saalfeld. Im ganzen Reich gehörten die Umzüge der Betriebe, Behörden und Organisationen seit der Einführung des Feiertags im Jahr 1934 zur nationalsozialistischen Festtagskultur. Besonders eingenommen war Hüther von den Ideen der NS-Gemeinschaft KdF, die 1934 innerhalb der Deutschen Arbeitsfront von Horst Dressler-Andress (1899–1979), dem Spezialisten für Rundfunkpropaganda im Goebbels-Ministerium, gegründet worden war. Dressler-Andress, vor 1932 im bürgerlichen Beruf

Landesarchiv Thüringen – Hauptstaatsarchiv Weimar, NS-Archiv des MfS ZA I 10715 Akte 15, Bl. 10r

Gruppenfoto mit Horst Dressler-Andress (in Uniform, Mitte) und Dr. Georg Schmidt (r.) auf dem Werkhof der Schokoladenfabrik, 1936.

Theaterregisseur, hatte ein Gespür für populäre Inszenierungen. Die KdF leitete er bis 1937 Im Oktober 1936 ging Dressler-Andress persönlich auf Werbetour. Offensichtlich stand er auch in Kontakt zur Betriebsführung in Saalfeld.

Zur Festigung des Gemeinschaftsgedankens unternahmen die „Mauxianer" zwischen 1937 und 1939 in Belegschaftsstärke von immerhin 1200 Mitarbeitern drei KdF-Fahrten ins nahe Weimar. Dann setzte der Krieg den Veranstaltungen ein Ende. Die Fahrten, die wegen der schieren Größe der Teilnehmerzahl Aufsehen erregten, wurden großzügig vom Unternehmen unterstützt. So mietete Mauxion das Nationaltheater für eine geschlossene Vorstellung der Belegschaft und eine große Halle für die Mahlzeiten an. Die Mauxion-Kokarde für die Ausflügler, die Verzehr- und Getränkegutscheine und ein kleines Taschengeld für die Stunden, die zur freien Verfügung standen, bestritt ebenfalls das Unternehmen.

Die Arbeit getan, die Pflichten erfüllt –
drum auch zur „Feier der Arbeit" gewillt,
und festlich gestimmt, im Feiertagskleid,
das Herz dem Hohen und Hehren gebeut.

»TAG DER NATIONALEN ARBEIT«
19 38

Stadtmuseum Saalfeld

Titelblatt des Sonderdrucks der Schokoladenfabrik Mauxion zum 1. Mai 1938 und der KdF-Fahrt nach Weimar.

Zuschüsse zu Festen und Ausflügen des Betriebs betrachtete das Unternehmen als gut angelegtes Geld. Die geschäftige Betriebsamkeit hatte eine doppelte Wirkung, nach innen in die Werksfamilie hinein und nach außen in die Öffentlichkeit. Die Beteiligten waren zugleich Akteure und Statisten eines Spektakels, das zu Propagandazwecken dokumentiert wurde.

Dass es nicht einfach um betriebliche Sozialpolitik im Geist der Philanthropie ging, sondern um eine Mobilisierung zur nationalsozialistischen Gemeinschaft, zeigt eine Collage zum „Mauxion-Wehrheim", dem Gemeinschaftshaus der Belegschaft, das als tragende Säule des Betriebs in Reimen und Fotos vorgestellt wird.

Etwa ab 1937 erlebte die Werkszeitung, die in der Zeit der Wirtschaftskrise nur kurz bestanden hatte, eine Neuauflage als Unternehmerbriefe an die „liebe Mauxion-Gefolgschaft". Die Briefe lagen den Weihnachtspäckchen bei. Darin verband Hüther seinen Dank mit einem Aufruf zum „Leistungskampf". Im Zweiten Weltkrieg wandte sich der Unternehmer in Gemeinschaftsbriefen an seine Belegschaft und an die „Mauxianer" an der Front. Die ansprechend gestalteten und reich illustrierten Hefte wurden im Betrieb verteilt und mit den Liebesgaben an die Soldaten geschickt.

Im vierten Kriegsjahr 1942 ließ sich Hüther mit der „Kriegs-Bildchronik des Blauen Bandes" etwas Besonderes einfallen: das Weihnachtsheft „Mannschaft Mauxion". Deutlich verschob sich darin der Schwerpunkt hin zur Frontzeitung. Sie wartete mit kuriosen Erlebnissen aus der Etappe auf. Unbekümmert wiederholte sie die antisemitischen und rassistischen Feindbilder der Propaganda über Polen,

Stadtmuseum Saalfeld

„Mannschaft Mauxion. Kriegsbildchronik des Blauen Bandes", Titelblatt (Nov. 1942).

Russen und Juden. Fotos zeigten Landser, die sich in den Kampfpausen gegenseitig fotografierten und Schwänke aus dem Soldatenleben in der Etappe. Auch für die „Mauxianer" wurde der Krieg zur „billigsten Reise ihres Lebens". Als Besatzer suchten sie die Gegend nach touristischen Motiven und landestypischer Folklore ab.

Das Titelblatt montierte Motive des Weltkriegs zum Kampf um Europa. Ein Foto Hitlers auf dem Feldherrnhügel umgeben von Generälen und das Faksimile aus dem Gästebuch der Schokoladenfabrik aus dem Jahr 1928 mit den Einträgen hoher Militärs wie K. R. Gerd von Runstedt und Wilhelm Keitel zeigen die „Tuchfühlung" des Unternehmens zum Regime. Unter der Überschrift „Die Heimat für die Front" wurde ein Foto des Monumentalgemäldes „Kämpfendes Volk" von Hans Schmitz-Wiedenbrück (1907–1944) abgedruckt. Das Gemälde war im Sommer 1942 auf der Großen Deutschen Kunstausstellung in München prominent gezeigt und von Goebbels für 56.000 Reichsmark erworben worden. Die Anbiederung kostete den Unternehmer wenig und erfolgte freiwillig. Doch hatte Hüther guten Grund, politische Loyalität zu demonstrieren. Denn die Schokoladenfabrik war in Auseinandersetzungen über ihre Preispolitik verwickelt und geriet ab 1942 zudem unter Druck, ihre Einstufung als kriegswichtiger Betrieb zu verlieren.

Mauxion in der Kriegswirtschaft

Im Krieg galt Schokolade als Luxusartikel. Ihre Produktion war ab 1939 stark eingeschränkt und im Herbst 1942 für den zivilen Verbrauch untersagt. Die Einfuhr von Rohkakao gestaltete sich immer schwieriger. 1942 kam der Import aus Übersee nach Deutschland zum Erliegen. Die letzten Quantitäten wurden 1944 aus Frankreich bezogen. Wie im Ersten Weltkrieg machten sich Engpässe bemerkbar, sobald die Betriebe ihre Kakaovorräte verarbeitet hatten. Doch bei Mauxion herrschten besondere Verhältnisse. Die Schokoladenfabrik erhielt Kakao bis 1943.

Im Sommer 1941 stellte Mauxion noch immer Pralinen her. Sie erbrachten 50 Prozent des Umsatzes. Im Angebot waren diverse Mischungen verschiedener Dessins in unterschiedlichen Packungsgrößen: Auswahl-Pralinen, Meister-Pralinen, Picknick-Pralinen, Fein-Pralinen, Orangen-Stangen, Automaten-Kästle für zehn Pfennig und Pralinen-Stangen. Unter einem hauchdünnen Schokoladenüberzug verbarg sich Vieles: Marzipan-Walnuss-Pralinen, Ananas- und Eierlikör-Kapseln, Blätter Krokant, Nougat-Würfel, Mandelberge, Vollmilchpralinen, Fruchtpralinen, OK-Picknick oder Mauxion-Kirschen beim Spitzenprodukt „Auswahl-Pralinen". Die günstigeren „Meister-Pralinen" enthielten einfachere Dessins wie Milch- und Kremfüllungen, Aprikosengelee oder Marzipan. Dazu kamen Schokoladenpulver, das lose und in Kleinpackungen zu Höchstpreisen verkauft wurde, und Mauxion Malztrunkpulver, das ausschließlich an weiterverarbeitende Betriebe abgegeben wurde.

Der beliebte Schokoladentrunk wurde bis zum Frühjahr 1941 produziert. Danach verwandelte er sich in den „Mauxion-Malztrunk". Zwar fehlte der Kakao, doch durfte die Fabrik weiterhin Zucker aus den limitierten Kontingenten beziehen. Das neue Getränk stand in einer Reihe mit anderen diätetischen Nahrungsergänzungsmitteln, wie Königs Vitamin Malz-Extrakt aus Dresden oder den unzähligen Hefe-Extrakten. Doch anders als die anregenden Präparate für „ganze Männer" sollte der Malztrunk schmächtige Kinder vor Unterernährung bewahren und besorgten Müttern das beruhigende Gefühl geben, das Beste für ihre Kleinen und für sich selbst zu tun. Physiologen und Ärzte bekräftigten als Experten in Weiß die Botschaft „für Mutter und Kind". Der Schokoladenfabrik gelang es, das Kriegsgetränk in großen Mengen zu produzieren. Glaubt man den Inseraten in der „Zeitschrift für Volksernährung", die sich

Karin Hartewig

Mauxion-Malztrunk, Anzeige in: Zeitschrift für Volksernährung, H. 9 (3.5.1941), S. 139.

an Physiologen, Mediziner, Erzieher und Fürsorger sowie an die Dienststellen der Nationalsozialistischen Volkswohlfahrt (NSV), Kindergärten, Horte, Müttererholungsheime oder Umsiedlerlager richteten, so wuchs eine ganze Generation von Kriegskindern mit dem allerorten „verabreichten" Malztrunk auf. Bis 1944 jegliche Produktion für den zivilen Bedarf eingestellt wurde.

Ein wachsender Anteil der Produktion diente der Heeresverpflegung. Vor allem die „Fliegerschokolade" SCHO-KA-KOLA wurde 1941 noch in großen Mengen hergestellt. Sie bestand aus einem hohen Kakaoanteil von 58 Prozent, aus Kaffee und Auszügen der Kolanuss. Abgesehen von der Durchhalteschokolade stellte Mauxion noch bis 1944 Trinkschokolade für die Wehrmacht mit Kakao aus dem besetzten Frankreich her.

Im Juni 1941 versuchte Ernst Hüther, sich eine neue Kakaoquelle durch die Übernahme der holländischen „N. V. Stoom Schokolade und N. Kakaofabrik Kwatta" in Breda zu erschließen. Wäre die Expansion gelungen, hätte Mauxion über eine eigene Kakaoplantage in Surinam sowie über eine weitere Fabrik in Köln verfügt. Doch seine Bewerbung beim Reichskommissar für die besetzten Niederlande kam zu spät.

Um eine Betriebsschließung der Schokoladenfabrik abzuwenden, stellte der Unternehmer ab 1941 Teile der Produktion auf kriegswichtige Nährmittel im Wehrmachtsauftrag um: Zunächst wurden Trockengemüse und -kartoffeln hergestellt. Da die Fabrik offenbar nicht ausgelastet war, übernahm sie Ende 1942 zusätzlich Aufträge in Lohnproduktion: Für den befreundeten Karl Schmitz-Scholl und sein Unternehmen Wilhelm Schmitz-Scholl / Emil Tengelmann aus Mülheim an der Ruhr stellte Mauxion Nährmittel auf Sojabasis her, die über die Tengelmann-Filialen vertrieben wurden. Das Sojapulver für Bratlinge, die sogenannten „Westwallbuletten", fand als Nahrungsergänzung auch in der Truppenverpflegung Verwendung. Lohnproduktionen gereichten im Krieg dem Auftraggeber und dem Hersteller zum Vorteil, denn die Einstufung „kriegswichtig" kam beiden zugute. Ab Dezember 1943 stellte Mauxion

Herstellung von Nährmitteln bei Mauxion, vor 1945.

das Bratlingspulver auch auf eigene Rechnung her und verarbeitete die Rohstoffe der bombengeschädigten „Deutsche Trockenfrucht-Industrie, Fritz Bartels" aus Hannover zu Fruchtriegeln für die Wehrmacht.

Frühzeitig fasste der Unternehmer den Entschluss, auch Rüstungsgüter herzustellen. Bereits im Herbst 1939 gründete die Waschmaschinenfabrik Schaede die „Arbeitsgemeinschaft Kriegsfertigung". Ihr gehörte neben den Maschinenfabriken Ries & Lorbeer, Renke & Müller und Auerbach & Scheibe auch Mauxion an. Von der Arbeitsgemeinschaft erhielt Mauxion einen ersten Fertigungsauftrag für Granaten. Im Sommer 1940 stellte Mauxion für die Stahlwerke Röchling-Buderus in Wetzlar ebenfalls Granaten her, diesmal auf eigene Rechnung. Der Buderus-Auftrag wurde bis zum Kriegsende auf einen Wert von gut einer halben Million Reichsmark beziffert. Mauxion erhielt dafür die Auszeichnung des „Reichsbesten handwerklichen Umstell-Betriebes". Im Juni 1941 begannen die Holzwerkstätten mit der Fertigung von Kisten und Holzbauteilen für die Wehrmacht.

Trotzdem fand Mauxion sich im ersten Quartal 1942 auf der roten Liste der Betriebe, die geschlossen werden sollten. Der Stilllegungsbescheid wurde Ernst Hüther am 22. Mai 1942 zugestellt. Die Produktion von Süßwaren, Getränken und Nährmitteln sollte zum 31. Dezember 1942 auslaufen. Die Zuteilung von Rohstoffen wurde gekündigt. Und die gesamte Belegschaft war an andere Unternehmen abzugeben. Um die Stilllegung wenigstens teilweise abzuwenden, erklärte sich der Unternehmer im August 1942 dazu bereit, Räume, Produktionskapazitäten und Arbeitskräfte an die BMW-Werke in Eisenach und München abzutreten. Dafür durfte Mauxion das Zuckerkontingent behalten und weiterhin Süßwaren, Getränke und Nährmittel herstellen. Im Packsaal für Tafelschokolade wurde nach den Bauplänen von BMW eine komplette Fabrikationsstraße errichtet. Darin wurden Zylinder für Flugzeugmotoren produziert. Substantielle Verbesserungen in der Herstellung ließ Mauxion sich mit 220.000 Reichsmark separat vergüten. Bis Kriegsende sollte der Umsatz aus diesem Fertigungszweig auf 3,67 Millionen Reichsmark ansteigen. Dazu kam eine offene Forderung an BMW von 1,29 Millionen Reichsmark. Auch Granathülsen und Zünder wurden bei Mauxion hergestellt. In der Kfz-Werkstatt des „Autohofs" wurden Zivilfahrzeuge mit Panzerungen und Maschinengewehren ausgerüstet.

Ernst Hüther gelang es auf diese Weise, Mauxion unentbehrlich zu machen und die Fabrik vor der Schließung zu bewahren. Das neue „Sortiment" der Schokoladenfabrik reichte von Trinkschokolade und Malztrunk, Heeres-Schokolade und anderen Süßwaren, wie Fondants, Fruchtriegel, Geleeriegel, dem Gemüse-Großanbau, der Kartoffel- und Gemüsetrocknung, der Herstellung von Kartoffeltrockenpulver und Bratlingspulver über den Holzbau (Sonderauftrag Ost) und ein ominöses „KG 24/020" sowie die Umrüstungen von Zivilfahrzeugen im „Autohof" bis zur Fertigung von Triebwerken T3 und von Granathülsen und Zündern. Mit Stolz wurde vermerkt, dass „der Betrieb der einzige dieser Art im Bereich des Rüstungskommandos Weimar ist, der in zehn verschiedenen, ausschließlich rüstungs- und kriegswichtigen Sparten mit höchsten Rangstufen in durchgehenden Tag- und Nachtschichten arbeitet". Der Laden brummte. 1944/45, im letzten Geschäftsjahr des Krieges, entrichtete Mauxion insgesamt 1.603.000 Reichsmark an Steuern.

Allein die Arbeitskräfte wurden knapp. Von der männlichen Belegschaft waren bereits im ersten Kriegsjahr Hundert Mitarbeiter zur Wehrmacht eingezogen worden, Tendenz steigend. 1941 waren es bei einer durch Dienstverpflichtungen reduzierten Belegschaft 140. *(siehe Tabelle 1)*

Die Unternehmensleitung sah sich nach Alternativen um. Sie forderte belgische und französische Kriegsgefangene aus dem Stammlager (Stalag) IX c in Bad Sulza an. Aber sie beschäftigte auch „Ostarbeiter" und Italiener, die nach dem Sturz Mussolinis und dem Waffenstillstand Italiens am 8. September 1943 zunächst als „Militärinternierte" und ab 1944 als Zivilisten ohne Kriegsgefangenenstatus zur Arbeit gezwungen wurden.

In ganz Thüringen bestanden 1944 insgesamt 458 Lager für „Ostarbeiter" mit 46.648 Insassen. Davon bestanden in Saalfeld 29 Lager mit 3.682 Zwangsarbeitern aus der Ukraine und der Sowjetunion. Das Gesundheitsamt Saalfeld registrierte im Jahr 1944 bei Mauxion 218 ausländische Arbeitskräfte, darunter 127 „Ostarbeiter", 19 Franzosen, 24 Belgier und 48 Italiener. Mithin arbeiteten bei Mauxion knapp fünf Prozent aller 5.055 in Saalfeld beschäftigten Zwangsarbeiter und Kriegsgefangenen. Im Unternehmen lag der Anteil der Zwangsarbeiter und Kriegsgefangenen mit 22 bis 27 Prozent der Gesamtbelegschaft – je nachdem, ob man die

Zahl der Beschäftigten in der Schokoladenfabrik Mauxion, 1937–1941

1937:	1.200
1938:	1.288 oder 1.250
1939:	1.300 (davon mobilisiert: 100)
1940:	1.100 (davon mobilisiert: 120)
1941:	1.000 (davon mobilisiert: 140)

Tabelle 1 | Quelle: Schokoladenfabrik Mauxion an Betriebsprüfer Rabe, 19.7.1941, Anlage: „Allgemeine Betriebsverhältnisse", in: LA Thüringen, HStAA Weimar, Thür. Wirtschaftsmin., Nr. 433, Bl. 157 r.

Nebenbetriebe mitberücksichtigt oder nicht – deutlich höher. Bei Mauxion wurden am 31. Oktober 1944 insgesamt 814 (davon 352 Männer, 462 Frauen), in den Nebenbetrieben 156 Beschäftigte gezählt. Für den 28. Februar 1945 fiel die Bilanz noch höher aus: Von 830 Beschäftigten waren 250 Ausländer, was einer Quote von gut 30 Prozent entsprach. Das war überdurchschnittlich.

Mit seiner Initiativbewerbung vom 14. Februar 1944 versuchte Ernst Hüther über den April 1944 hinaus die Genehmigung zu erlangen, weiterhin Süßwaren für die Wehrmacht herstellen zu dürfen. Seine Argumente schienen unschlagbar: Die Fabrik lag angriffssicher in einer bisher vom Luftkrieg kaum berührten Gegend. Und die Aufnahmekapazität des Ausländerlagers, das die DAF als Musterlager gelobt hatte, hätte von 250 auf 500 Zwangsarbeiter verdoppelt werden können.

Dazu sollte es nicht kommen. Zwar blieb Mauxion auf der Liste der Wehrmachtsversorger, bis die Vorräte an Rohmaterial und Zucker aufgebraucht waren, hatte aber mit den vorhandenen Arbeitskräften auszukommen.

Kriegsgewinne

Bei den Banken genoss das kriegswichtige Unternehmen inzwischen einen untadeligen Ruf und eine erstklassige Bonität. Doch Hüther geriet erneut mit der Staatsmacht in Gestalt des Preiskommissars in Konflikt. Der geschäftstüchtige und durchaus eigensinnige Schokoladenfabrikant sah sich im September 1940 mit Vorwürfen konfrontiert, die weit in die Friedensjahre zurückreichten. Betrug, unlauterer Wettbewerb, Verstöße gegen erwartete und allenthalben übliche „freiwillige" Preissenkungen und kapitalistisches Profitstreben waren die Begründung für eine exorbitante Geldstrafe in Höhe von stolzen 300.000 Reichsmark und für Verfahrenskosten von über 10.000 Reichsmark. Für den namhaften Hersteller aus dem Premiumsegment wogen die Anschuldigungen schwer und sie konnten das Image der Marke beschädigen.

Auch die Preisbildungsstelle im Thüringer Wirtschaftsministerium ordnete im April 1941 eine Nachprüfung an und verlangte Auskunft über den Nachweis der Rohstoffkosten. Nach mehreren Mahnungen ordnete sie unter Hinzuziehung der WV S für das Geschäftsjahr 1940/41 eine große Betriebsprüfung an. Der Abschlussbericht vom 2. August 1941 fiel für Mauxion sehr ungünstig aus. Er stellte gravierende Preisverstöße fest sowie einen „Übergewinn" von 1,1 Millionen Reichsmark (1940/41). Er sprach sich für eine „empfindliche Bestrafung" in Höhe von 500.000 Reichsmark aus und forderte Preissenkungen für das gesamte Pralinen-Angebot, denn sowohl die Zutaten wie auch die Zusammensetzung der Mischungen hatten in der Qualität nachgelassen. Dazu machte er dem Unternehmer zur Auflage, Abteilungen für Buchführung, für Produktions- und Absatzkontrolle und für die Preiskalkulation einzurichten. Bis dahin hatte Ernst Hüther „ziemlich autoritär" über einen Stamm enger, ihm loyal ergebener Mitarbeiter in Vertrauensstellung regiert, aber letztlich über alle Vorgänge persönlich entschieden. Von Mauxion nachgereichte unvollständige Unterlagen erlaubten einen unfreiwilligen Einblick in die improvisierte Produktionsküche und Betriebsführung eines namhaften Unternehmens und verschlimmbesserten die Situation. Am Ende verhängte der Thüringer Preiskommissar am 2. Juli 1943 eine Geldstrafe von 200.000 Reichsmark, zuzüglich der Kosten des Verfahrens von 10.310 Reichsmark. Insbesondere die jüngsten Gewinnsteigerungen von 18,7 Prozent (1940/41) und 20,9 Prozent (1941/42) bewertete er als „weit überhöht und kriegswirtschaftlich nicht tragbar". Zuletzt blieb das „Unterwerfungsverfahren". Der Beschuldigte hatte alle Vorwürfe anzuerkennen, anstandslos die festgesetzte Summe zu bezahlen und auf alle Rechtsmittel zu verzichten. Die Nöte der Offenlegung des eigenen Geschäftsgebarens und die Hartnäckigkeit der Bürokratie griffen die Gesundheit des Unternehmers an.

Die Realitäten des Krieges waren vielfältig. Noch immer agierte Mauxion erfolgreich und gewinnbringend auf dem klassischen Geschäftsfeld einer Schokoladenfabrik. Bereits bei Kriegsbeginn war aber deutlich: Wehrmachtsaufträge und die Produktion von Nährmitteln für die Heimatfront waren lohnender. Bei den Banken genoss das Unternehmen den besten Ruf. In der gelenkten Kriegswirtschaft musste es sich aber für außerordentliche Gewinnsteigerungen und einen mangelnden Sinn für das Gemeinwohl verantworten. Der Krieg zwang zur stetigen Diversifizierung der Produktion in Richtung Nährmittel und anderer Erzeugnisse. Trotzdem drohte zeitweise die Stilllegung des Werkes als „nicht kriegswichtig". Erst die Übernahme von Aufträgen für die Rüstungsindustrie sicherte ab 1942 den Fortbestand aller Betriebszweige des Unternehmens. Das Geschäftsmodell war spätestens ab 1942 nur noch mit Zwangsarbeitern aufrechtzuerhalten. Wer sich um solche Aufträge nicht stetig bemühte, riskierte die Schließung. Wer an dieser Konjunktur partizipieren oder auch nur das Fortbestehen des Unternehmens sichern wollte, konkurrierte mit anderen Firmen um die Zuweisung von Fremdarbeitern und Kriegsgefangenen. In diesem Sinne wurde der Unternehmer zum Nutznießer des NS-Systems.

Vergleichsübersicht Geschäftszahlen Mauxion (1934–1940/41)

(Geschäfts)Jahr	Zeitraum	Umsatz (Mio.)	Eigenkapital (Mio.)	Schulden (Mio.) [Davon Banken]	R.gewinn (HT/Mio.)	Reklame (in HT)	Privatentnahme
1934	12 Mo	11,049			260		—
1935	12 Mo	11,048			934		—
1936	12 Mo	13,589	4,741	3,692 [2,714]	965	207	—
1936/37	9 Mo	11,253	5,828	3,357 [2,384]	1,29	150	—
1937/38	6 Mo	7,861	4,446	3,512 [2,296]	1,433	117	—
1938/39	12 Mo	15,563	5,556	2,616 [1,331]	3,049	246	—
1939/40	12 Mo	13,215	6,376	2,354 [561]	1,879	230	—
1940/41	12 Mo	11,473	—	— [330]	2,335	169	1,962

Tabelle 2 | Zahlen gerundet in Hunderttausend bzw. in Million (HT, Mio.).
Quelle: Betriebsverhältnisse Mauxion, Anlage zur Betriebsprüfung Mauxion durch Preisüberwachungsstelle im Thür. WiMin am 2.8.1941, in: LA Thüringen HStAA Weimar, Thür. Wirtschaftsmin., Nr. 433, Bl. 157 v.

Am 17. August 1944 starb der Patriarch für alle gänzlich unerwartet. Die näheren Umstände seines Todes sind nicht bekannt. Die Schokoladenfabrik wurde zum 12. Oktober des Jahres in eine Kommanditgesellschaft umgewandelt. Zum persönlich haftenden Geschäftsführer und Gesellschafter wurde der älteste Sohn, Werner Hüther, der damals Oberleutnant der Reserve war. Als Kommanditisten wurden Anna Hüther, ihre beiden Töchter Ilse Michaelsen und Luise-Charlotte Bleissner (jeweils geborene Hüther) sowie ihr jüngerer Sohn Gerd Hüther ins Handelsregister eingetragen.

Besatzungszeit und Wiederaufbau (1945–1948)

Property Control und Verhaftung Werner Hüthers

In Saalfeld ging der Zweite Weltkrieg mit dem Einmarsch amerikanischer Truppen am 13. April 1945 zu Ende. Zwar sprengte die Wehrmacht am selben Tage noch die Saalebrücke. Doch die Stadt wurde kampflos übergeben. Im Mauxion-Hotel „Roter Hirsch" richteten die Amerikaner ihr Hauptquartier ein. Als Chefberater war der Militärregierung am 28. April 1945 Hermann Ludwig Brill empfohlen worden. Der Sozialdemokrat hatte das Konzentrationslager Buchenwald bei Weimar nach sechs Jahren und sieben Monaten Haft überlebt. Am 9. Juni 1945 wurde Brill von den Amerikanern zum vorläufigen Regierungspräsidenten der Provinz Thüringen ernannt und mit der Bildung der ersten Regierung beauftragt. Als vordringliche Aufgaben betrachte er die gründliche Entnazifizierung des öffentlichen Lebens im ehemaligen „Trutzgau des Führers": die Säuberung der Verwaltung von „alten Kämpfern", die vor dem 1. März 1933 der NSDAP beigetreten waren, die Beschlagnahmung von Vermögenswerten von Kriegsverbrechern, die sich in Gewahrsam der Besatzungstruppen befanden und die Neuordnung der Polizei.

Die Schokoladenfabrik hatte bereits am 18. April 1945 die Produktion wieder aufgenommen. Die Inventur der Vorratsbestände durch die Amerikaner ergab 320.000 Kilogramm Nährmittel, ferner 110.000 Kilogramm Marmelade und 52.000 Kilogramm Zuckerersatzstoffe. An Fertigerzeugnissen zählte man

17.000 Kilogramm Nährmittel, 20.000 Kilogramm Brotaufstrich, 64.000 Kilogramm Süßwaren sowie 7.500 Kilogramm Puddingpulver. Die Vorräte wurden vom Ernährungsamt Saalfeld sofort beschlagnahmt. Dazu fanden sich 16.000 Zylinder-Laufbüchsen sowie 2.000 Rohlinge aus Lohnfertigung für BMW, München, auf dem Betriebsgelände. Die Kohlereserven von 1.000 Tonnen reichten für zwei Monate aus. Vorsorglich reklamierte die Besatzungsmacht fünf LKW und Treibstoff, um für den weiteren Betrieb der Fabrik gerüstet zu sein.

Für Mauxion interessierte sich auch das „Combined Intelligence Objectives Sub-Committees (CIOS)", eine Unterabteilung des Hauptquartiers der alliierten Streitkräfte (SHAEF). In seinem „Report on Mauxion" vom 13. Juni 1945 leitete der Autor W. Tresper Clarke, ein Spezialist für die Nahrungsmittelindustrie, die Ergebnisse seiner Erkundigungen, Befragungen und Prüfungen mit Worten der Anerkennung für die vielleicht beste Schokoladenfabrik in ganz Deutschland ein. Das kleine Imperium aus Fabrik, Ziegelei, Grundbesitz, Hotels, Restaurants, Süßwarengeschäften und landwirtschaftlichen Betrieben charakterisierte Clarke als exquisiten Kosmos angewandter Autarkie: „Dr. Ernst [Hüther] took great pride in expanding his interests particularly where the expansion seemed warranted and coordinateted with his overall program of practical self-sufficiency. His estate is one of the finest in one of the most beautiful and historic provinces of old Germany." Die Mühlen für die Kakaobohnen, Röstmaschinen, Conchen und Einschlagmaschinen für Tafeln befand Clarke für europäische Verhältnisse durchaus auf dem Stand der Technik. Nach amerikanischen Maßstäben der Massenproduktion erschien die Fabrik in der „typisch deutschen Bilderbuchkulisse" Saalfelds aber nicht auf der Höhe der Zeit.

Mitte Mai 1945 waren der Betrieb, seine Liegenschaften und Vermögenswerte auf Befehl der Amerikaner unter „Property Control" gestellt, aber zu keiner Zeit geschlossen worden. Zur Versorgung der Besatzungsmacht und der Zivilbevölkerung war er von entscheidender Bedeutung. Aus Malz,

Kakao, Zucker und Vanillin ließen die Amerikaner einen Sirup herstellen, der den bekannten Produkten aus der Heimat ähnelte. Darüber hinaus nutzten die Soldaten die Sporthalle und die Dusch- und Baderäume der Schokoladenfabrik, die keine Kriegsschäden aufwiesen. Für die Deutschen wurde der Malzsirup ohne Kakao in rationierter Form über die Milchläden ausgegeben. Dazu begann Mauxion mit der Herstellung von Rapsöl. Und noch immer stellte man nach eigenem Rezept Bratlingspulver her, das sich auch im Frieden für die Zubereitung dicker Suppen eignete. Hergestellt wurde es aus Gersten- und Haferflocken, Soja, Weizenschrot, Kartoffelflocken, Trockenhefe, Milcheiweiß, Weizenkeimextrakt und Sonnenblumenkernen. Die reguläre monatliche Produktionsmenge betrug 100.000 Kilogramm, konnte aber auf das Vierfache gesteigert werden.

Am 20. Juni 1945 wurde Werner Hüther verhaftet. Als NSDAP-Mitglied und Unternehmer eines kriegswichtigen Wirtschaftsbetriebs gehörte er zu den Personen des öffentlichen Lebens und der Wirtschaft, die in der ersten Phase der amerikanischen Besatzung bis zum Frühjahr 1946 unter „Automatic Arrest" fielen. Verschärfend kam hinzu, dass Hüther nach Kriegsende gegen die Meldepflicht von 150 Kilogramm Dynamit, das im Werk gelagert war, verstoßen hatte.

Hüther wurde am 30. Oktober 1945 im „Interrogation Center" in Oberursel befragt. Er wurde als kooperativ eingeschätzt. Seine Auskünfte galten als verlässlich. Er hatte in Bonn, Jena und München Volkswirtschaft, Recht und Chemie studiert, war 1937 in die Firma eingetreten und im selben Jahr NSDAP-Mitglied geworden. 1939 war er in die USA und nach Mexiko gereist, wo er vom Kriegsausbruch überrascht wurde. Erst 1941 konnte der Gestrandete über Japan und Russland nach Deutschland zurückkehren. Unmittelbar nach seiner Rückkehr war er als Leutnant mobilisiert, aber nach dem Tod des Patriarchen im August 1944 für das Unternehmen unabkömmlich gestellt worden. Werner Hüther war gemeinsam mit weiteren sieben Beschuldigten bereits am 31. August 1945 im

Zusammenhang mit der „King Operation" vernommen worden. Unter diesem Decknamen ermittelten die Amerikaner gegen eine Thüringer Widerstandsgruppe aus ehemaligen Mitarbeitern der Weimarer Gestapo und anderen Deutschen gegen die Besatzungsmacht. Es wurde empfohlen, ein Strafverfahren gegen Hüther anzustrengen. Inzwischen war von mehr als 1.000 Pfund Sprengstoff die Rede, die Hüther der Widerstandsgruppe gegeben haben soll.

„Die Russen kommen"

In Saalfeld blieben die Amerikaner nur achtzig Tage. Am Nachmittag des 1. Juli 1945 erreichte eine Vorhut der Roten Armee die Stadt. Und am Abend marschierten „die Russen" in Saalfeld ein. Bis zum 9. Juli war der Besatzungswechsel in ganz Thüringen abgeschlossen und die Sowjetische Militäradministration in Deutschland (SMAD) etabliert. Auch für die neue Macht produzierte die Fabrik, was sie seit 1944 hergestellt hatte. Mauxion blieb weiterhin „nachkriegswichtig": Die Planung sah für das 4. Quartal 1945 weiterhin die Herstellung von Suppenpulver, Brotaufstrich aus Malz, Zuckerwaren und Trockenkartoffeln vor. Kunsthonig in fester und flüssiger Form sollte das Angebot erweitern. Dazu kamen Mokkakugeln und Fruchtriegel, Haferkakao und ab November 1945 „Trinkbranntwein". Ab März 1946 entwickelten sich Branntwein und Liköre zum größten und wertvollsten Erzeugnis bei Mauxion. Auch das Holzlager nahm seine Arbeit wieder auf und produzierte Kisten und Schnittholz. Ab Mai 1946 konnte ein zweiter Brotaufstrich aus Eiweißnährmehl hergestellt werden. Doch die Produktionsmengen schwankten. Erstmals konnte das Plansoll für Malzkost, das Ende Mai erhöht worden war, in der verbleibenden Zeit nicht erfüllt werden. Beim Eiweißnährmehl-Aufstrich unterlief man den Plan um mehr als fünfzig Prozent. Wassermangel sorgte dafür, dass nur ein Teil des Rapsschrots entbittert werden konnte. Auch Kisten und Schnittholz konnten

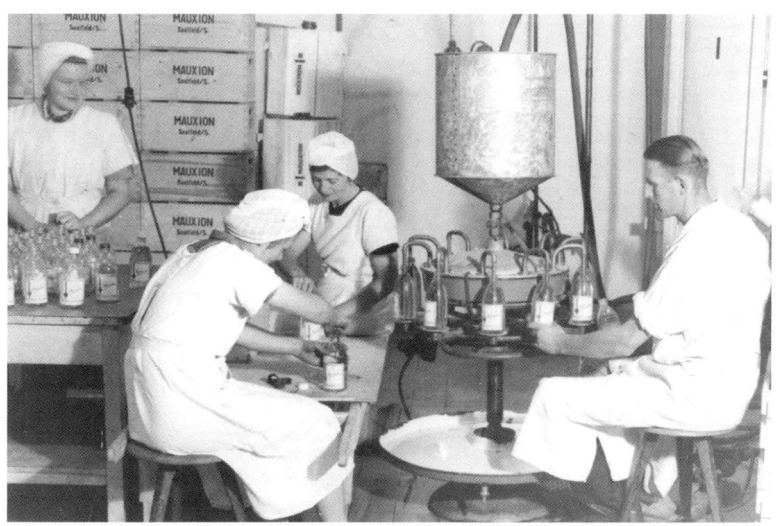

Spirituosenabfüllung nach 1946.

nicht im geplanten Umfang hergestellt werden, weil die Transportmittel fehlten, um genügend Rundholz heranzuschaffen. Ab Juli 1946 begann man mit der bescheidenen Produktion eines Malztrunks als Milchgetränk für die Schulspeisung.

Im Auftrag der sowjetischen Besatzungsmacht legte die IHK Saalfeld bereits im Sommer 1945 Verzeichnisse an über den Bestand an Maschinen, Anlagen, Einrichtungen und Kraftanlagen der im Kammerbezirk ansässigen Unternehmen nach Anzahl, Baujahr und Erhaltungszustand. Das Gespenst der Demontage ging um. Doch die Schokoladenfabrik wurde verschont, obwohl man im Betrieb „alles in gutem Zustand" befunden hatte. Die Auslastung Mauxions lag bei geschätzten 40 bis 50 Prozent der Produktionskapazitäten. 25 Prozent ihrer Erzeugnisse waren für die Rote Armee und 15 Prozent für die Versorgung der Bevölkerung bestimmt. Mit 60 Prozent stand jedoch der größte Teil der Herstellung „zur bes. Verfügung des Herrn Stadtkommandanten". Im November 1945 erhielt das Holzlager mit ausdrücklicher Autorisierung von Kapitän Ussow, dem ersten Dezernenten für Holz in der Sowjetischen Militäradministration in Weimar, einen Großauftrag von oberster Priorität: Zur Demontage von Maschinen und Anlagen des beschlagnahmten Saalfelder Unternehmens „Schlutius Kartonagen AG" (*1928) in die Sowjetunion zimmerte Mauxion für Oberst Krawtschinski 1.000 Großkisten. Der Auftrag entbehrte nicht einer gewissen Bitternis. Die Unternehmer Hüther und Schlutius hatten bis 1945 nicht nur Geschäftsbeziehungen unterhalten. Die Familien, die zum tonangebenden Wirtschaftsbürgertum Saalfelds gehört hatten, waren einander auch freundschaftlich verbunden gewesen.

Spätestens ab Januar 1947 erhielt das Unternehmen zur Herstellung von „Okkupationslieferungen" an die sowjetische Militärverwaltung monatliche zinsbegünstigte „Okkupationskredite" zu ein Prozent p. a., um Rohstoffe, Materialien und Halbfabrikate einzukaufen. Die Kredite dienten der Überbrückung bis die Auftraggeber ihre Rechnungen bei Mauxion beglichen hatten. Die Summen bewegten sich anfangs unter 100.000 Reichsmark. Doch die Produktion unter Zwangsverwaltung expandierte. Im Dezember 1948 beantragte die Firma bei der Garantie- und Kreditbank AG in Saalfeld einen „Okkupationskredit" von 3 Millionen Mark zur Herstellung von Spirituosen, Trockenkartoffeln und Marmelade für „die Russen". Da war Mauxion bereits volkseigen.

Die Enteignung

Unter dem Thüringer Ministerpräsidenten Hermann Brill (SPD) waren der Betrieb und das Privatvermögen aller Gesellschafter Mauxions als mutmaßliche Parteigänger der NSDAP am 12. Juli 1945 eingezogen und unter treuhänderische Verwaltung gestellt worden. Doch einige Tage später wurde Brill von den Russen abgesetzt. Es schien, als würde sich für Mauxion das Blatt unerwartet wenden. Die neue Besatzungsmacht berief am 16. Juli 1945 Rudolf Paul (KPD) zu seinem Nachfolger. Und der hob am 20. September 1945 überraschenderweise die Beschlagnahme auf, begründete seine Entscheidung ausführlich mit der NSDAP-Ferne der Eigentümerfamilie und erklärte die Angelegenheit bis zum Ausgang eines Strafverfahrens gegen Werner Hüther bei den Amerikanern und bis zur Verabschiedung eines Enteignungsgesetzes für die sowjetische Besatzungszone für offen. Zudem schien angesichts der geringfügigen Beteiligung Hüthers mit 18,75 Prozent am Unternehmen selbst eine vorläufige Beschlagnahme seines Anteils für Paul zunächst nicht gerechtfertigt. Am Ende entscheid er aber doch zum Nachteil des Kommanditisten. Seine Parteimitgliedschaft seit 1937, die Gerüchte um den Sprengstoff sowie die Tatsache seiner Verhaftung durch die Amerikaner waren nicht von der Hand zu weisen.

Am 26. Januar 1946 wurde die milde ausgefallene Entscheidung Pauls gegenüber allen vier Kommanditisten annulliert und das gesamte Vermögen beschlagnahmt. Der Sequestrierungsschein war auf die neue Geschäftsführerin Anna Hüther ausgestellt, die in Abwesenheit des Sohnes in diese Position aufgerückt war, und er kam direkt von der sowjetischen Kommandantur. Doch man hatte es nicht sonderlich eilig, die Unternehmensführung und die Familie über die neue Lage in Kenntnis zu setzen.

Ganz allgemein war der Besatzungsmacht nicht an einem transparenten Verfahren gelegen. Und die deutschen Kommunisten strebten eine zügige Neuordnung der Wirtschaft an, deren „vollendete Tatsachen" nicht mehr zurückgedreht werden konnten. Fritz Selbmann, der Vizepräsident der Sächsischen Landesverwaltung und spätere stellvertretende Vorsitzende der Deutschen Wirtschaftskommission, nannte dies im Sommer 1946 vor Gewerkschaftsfunktionären einen „sehr unterirdischen Kampf". Auch im Fall Mauxions verfolgten die mächtigsten politischen Akteure eine Strategie absichtsvoller Undurchsichtigkeit. So erschien den Betroffenen die Angelegenheit offener als sie tatsächlich war.

Für die Amerikaner erwiesen sich unterdessen alle Verdachtsmomente gegen Werner Hüther als unbegründet. Ein Prozess vor einem amerikanischen Militärgericht (AMG) fand nicht statt. Sie entließen ihn am 2. März 1946 aus der Internierung nach Niederwalluf. Die Wertsachenverwahrung des Lagers 74 verzeichnete als Effekten sämtliche Grundrisse und Pläne über den Grundbesitz der Familie Hüther in Saalfeld, Reschwitz, Knobelsdorf, Pößneck, Frankfurt am Main, Garmisch-Partenkirchen, Weimar, Obernitz, Niederwalluf und Eltville (1941) nebst einer Übersicht der Grundbuch-Nachweise vom 1. November 1941. Hüther hatte wohl nie vorgehabt, in die sowjetische Zone zurückzukehren. Er war dem Rat seiner Mutter gefolgt und blieb im Westen.

Von der Entlassung ihres Sohnes erfuhr Anni Hüther am 23. April 1946. Da war die Widerspruchsfrist gegen die neuerliche Sequestrierung seines Vermögensanteils bereits verstrichen. Trotzdem legte die kämpferische Unternehmerin am 26. April 1946 Widerspruch ein. Doch Hüthers Entlassung aus amerikanischem Gewahrsam sah man im Osten keineswegs als Freispruch an. Der Widerspruch wurde am 6. Mai 1946 abgelehnt. Gegen den Bescheid ging Anni Hüther am 9. Juli 1946 in Berufung.

Als die Unternehmerin erfuhr, dass das Vermögen des gesamten Unternehmens und der Familie betroffen war, sollten zahlreich weitere Eingaben, Proteste, Erklärungen und Widersprüche folgen, um eine Enteignung abzuwenden. Für die Sequestrierungskommission, welche über die Zukunft jedes einzelnen größeren Unternehmens am Ort zu entscheiden hatte, gehörte Mauxion zu den Zweifelsfällen. Auf lokaler Ebene, wo die Akteure sich kannten, gab es ganz offensichtlich eine Beißhemmung. Die zuständige Kreiskommission wollte das Unternehmen wegen mangelnder politischer Belastung Werner Hüthers aus dem Sequester herausnehmen, war am Ende aber mit der Angelegenheit überfordert und gab den Fall über die Landeskommission an die deutsche Zentralkommission weiter. Diese setzte die Schokoladenfabrik zunächst auf die

„B-Liste" unbedenklicher Betriebe und verhandelte den Fall wiederholt.

Nach dem Erlass der Kontrollratsdirektive 38 vom Oktober 1946 und ihren Ausführungsbestimmungen als SMAD-Befehl 201 vom 18. September 1947 ging der Streit um die Schokoladenfabrik in eine weitere Runde und wurde immer verworrener. Die Suche nach belastendem Material förderte neue Details über das Unternehmen im Dritten Reich zutage. Die Betriebe, Liegenschaften und Immobilien, aber auch das private Vermögen der Familien weckten Begehrlichkeiten der SMAD in Thüringen. Und inzwischen stand auch das Verhalten in der Gegenwart zur Beurteilung an.

Im August 1947 erhielt Mauxion Besuch von der Deutschen Verwaltung des Innern (DVdI) in Begleitung des FDGB. Es hatte Hinweise auf eine mangelnde ideologische Entwicklung im Betrieb gegeben. Die DVdI war im Juli 1946 von der SMAD zur Koordinierung der Polizeiarbeit eingesetzt worden und unter anderem mit der „Sicherung der revolutionären Errungenschaften" sowie mit dem Kampf gegen subversive Tätigkeit und Wirtschaftssabotage betraut – eine Vorläuferin der Staatssicherheit. Was die Herren der DVdI und des FDGB bei Mauxion vorfanden, alarmierte sie in höchstem Maße: Ihnen präsentierte sich ein Traditionsbetrieb mit einer Belegschaft, die bereits 40 Jahre und länger im Betrieb beschäftigt war, eine Mentalität „reinsten privatkapitalistischen Unternehmertums", eine verbreitete politische Interessenlosigkeit der Arbeiter und die einmütige Ablehnung der SED und der neuen Gewerkschaften durch Betriebsrat und Betriebsleitung. Zwar konnten sich die Kontrolleure von umfangreichen sozialfürsorgerischen Maßnahmen im Betrieb überzeugen. Doch sie ließen sich von Kindergarten, Küche, Bäder, Konsum, eigenem Schuhmacher, Betriebsfriseur und „KdF-Kultur" nicht täuschen. Sie hielten die Firma keineswegs für fortschrittlich, sondern nur für umso gefährlicher.

Seitdem betrachtete es der FDGB Saalfeld als seine Mission, die Enteignung des Unternehmens voranzutreiben. Im

November 1947 holte er zum großen Schlag aus. Besonders ausführlich skandalisiert wurden die „Mauxion-Gemeinschaftsbriefe" aus den Kriegsjahren sowie der Betriebsausflug am 1. Mai 1939 ins Nationaltheater nach Weimar. Die voluminöse Anklageschrift von 18 Seiten ging an die SED, welche sie am 3. November 1947 an die Landeskommission weiterleitete mit der Empfehlung, „die Firma als militaristisch zu erklären und wegen ihrer Hilfestellung, die sie gegenüber dem Nationalsozialismus bewiesen hat, nunmehr auf die Sequesterliste A zu setzen". Von den Versuchen der Unternehmerin, die Verantwortung für die Kriegspropaganda allein beim ehemaligen Werbeleiter und derzeitigen Prokuristen Walter Möller abzuladen, ließ sich die Sequestrierungskommission nicht beeindrucken. Und auch ihre beharrlich vorgetragene Behauptung, Ernst Hüther sei ein streitbarer und notorischer Gegner der NSDAP gewesen, verfing nicht. Zudem war die Betriebsgemeischaftsideologie im Krieg nur ein – wenn auch besonders ausführlich vorgetragenes – Argument. Erstmals wurde in der Schrift des FDGB die Beschäftigung von Ostarbeitern und französischen und belgischen Kriegsgefangenen als „billige Ausbeutungsobjekte" bei der Fabrikation von Flugzeugteilen und Munition zur Sprache gebracht. Darüber hinaus war gerüchteweise von einer Übernahme von Kreditschulden in Höhe von 2,5 Millionen Reichsmark im Jahr 1934/35 durch die DAF die Rede – ein Vorgang, der als Beweis für die Regimenähe des Unternehmers gewertet wurde, für den aber keine Belege beigebracht wurden. Auch der Kauf eines Grundstücks, das Arthur Gütermann abgepresst worden sein soll, wurde als Arisierungsfall angeführt. Für die Kriegsjahre bezeichnete der FDGB das Unternehmen als Kriegsgewinnler.

Am 12. November 1947 stellte der FDGB bei der Landeskommission den Antrag auf Überführung der Schokoladenfabrik in Volkseigentum. Dies war der entscheidende Schlag gegen Mauxion. In den Beratungen der Enteignungskommissionen spielte der Skandal der Zwangsarbeit aber merkwürdigerweise gar keine Rolle. Im Dezember 1947 informierte der

Kommissionsvorsitzende Innenminister Willy Gebhardt das Unternehmen darüber, „dass nach etlichen Beratungen „von unterschiedlicher Beurteilung" dem Geschäftsführenden Ausschuss der Landeskommission unmittelbar vor der endgültigen Entscheidung „ganz erhebliches Belastungsmaterial" gegen die Firma und die frühere Geschäftsleitung zugespielt worden sei. Doch die Entscheidung zog sich bis zum 6. Februar 1948 hin.

An jenem Tag stimmte die Landeskommission zur Durchführung der Befehle 124 und 126, die aus je einem Vertreter der SED, LDP, CDU, des FDGB, der FDJ, des Demokratischen Frauenbundes Deutschlands (DFD), der Opfer des Faschismus (OdF) und der Zentralen Deutschen Kommission in Angelegenheiten der Sequestrierung und Beschlagnahme (ZDK), sowie drei Mitarbeitern des Innenministeriums bestand, in sechs Stunden über 44 Enteignungen (A), zwölf Rückgaben (B) und etliche Streitfälle ab. Über Mauxion entspann sich zwischen Gegnern und Befürwortern der Enteignung erneut eine Debatte. Der Vertreter der LDP argumentierte zu Gunsten des Unternehmens, während der Vertreter der SED sich den Argumenten des FDGB anschloss. Doch als die Exemplare der Gemeinschaftsbriefe und die Kriegsbildchronik herumgereicht wurden, war das Schicksal der Unternehmerfamilie besiegelt. Der anwesende Innenminister befand, „dass er selten eine derartige geschmackvoll aufgemachte nationalsozialistische Propaganda gefunden habe". Einstimmig wurde Mauxion auf die Enteignungsliste „A" gesetzt. Der Antrag des LDP-Mannes, wenigstens das Privatvermögen Anni Hüthers freizustellen, wurde gegen die Stimmen der LDP und der CDU mit sieben Stimmen abgelehnt.

Das Belastungsmaterial des FDGB hatte alles geändert. Darüber hatte der Kommissionsvorsitzende am 22. Dezember 1947 auch die Sowjetische Militäradministration in Thüringen (SMATh) informiert. Nun aber wurde deutlich, dass die SMATh ihre Entscheidung längst getroffen hatte, denn „die Russen" hatten eigene Interessen. Ihre Begehrlichkeiten galten dem Interieur des Mauxion Hotels „Roter Hirsch" und dem

Erholungsheim für Werksangehörige in Knobelsdorf, in dem sich die SMATh ein Casino einrichten wollte. Der Appell Gebhardts, man möge doch davon absehen und ein anderes Objekt auswählen, verhallte ungehört. Augenscheinlich war die Angelegenheit dort längst entschieden und bedurfte des Belastungsmaterials des FDGB nicht. Am 14. Januar 1948 stellte der Stellvertretende Chef der Verwaltung der SMATh für Wirtschaftsfragen, Schinkewitsch, klar, dass bereits durch SMATh-Befehl Nr. 45 vom 26.1.1946 Mauxion unter Sequester gestellt worden war. Irrtümlich sei damals der Bilanzwert mit 2.110.847,08 Mark angegeben worden – ein bedauerlicher Schreibfehler. Dies war exakt der Anteil Werner Hüthers. Der Bilanzwert der Firma betrug zwölf Millionen. Die Empfehlung der Russen lautete, den Fehler zu berichtigen und die Firma Mauxion „hinfort unter vollem Sequester" zu betrachten.

Einen letzten, ungewöhnlichen Vorstoß hatte Anni Hüther am 3. Januar 1948 unternommen. Sie wollte das Unternehmen in Zeiten der antifaschistischen Umwälzung neu erfinden. Unerschrocken und ein wenig selbstherrlich bot sie der Enteignungskommission und der SMAD eine kapitalistische Variante von Volkseigentum an: die Beteiligung der Belegschaft an der Mauxion KG. Der Betriebsrat sollte zwei Gesellschafter wählen, die mit Prokura und Stimmrecht ausgestattet werden sollten. Weiterhin beanspruchte die Unternehmerin aber alle Rechte als alleinvertretungsberechtigte und geschäftsführende Gesellschafterin. Die Geschäftsfrau war bereit, an Eides statt zu bezeugen, dass Ernst Hüther und die gesamte Familie „die angeblich die Schokoladenfabrik Mauxion als kriegshetzerisch belastenden Feldpostbriefe nicht in ihren Einzelheiten und ihrem Inhalt gekannt" hatten – in Wahrheit kein Zugeständnis, sondern ein Persilschein in eigner Sache. Dafür sollte die Landeskommission bestätigen, dass die Beschlagnahme des Anteils Werner Hüthers im Oktober 1946 aufgehoben worden war. Sie verlangte ferner die Entlastung des Unternehmens vom Vorwurf der Kriegsgewinne. Und sie drang auf einen offiziellen Enteignungsausschluss durch die SMAD Karlshorst, also von oberster Stelle. Als Zeichen des guten Willens bot sie an, einige Liegenschaften an die Kommunen Saalfeld und Pößneck zu übertragen. Mit diesem Vorschlag wollte sie ihren Teil „in einer den Zeitströmungen entgegenkommenden Weise" beitragen, und gab der Hoffnung Ausdruck, das „doch beachtliche Wirtschaftsgebilde Mauxion, Saalfeld" möge auf diese Weise erhalten bleiben. Sie scheiterte.

Als Mauxion am 6. Februar 1948 gemäß SMAD-Befehl 124 im Zuge der Zerschlagung von Konzernen und Trusts enteignet wurde, erfuhr die Unternehmerin davon nur mündlich vom Treuhänder. Als sie am 23. Februar 1948 gegen die Rechtsbeugung beim Thüringischen Innenministerium protestierte, hatte sie immer noch keinen Bescheid in Händen. Am 31. März 1948 stellte die Witwe gegenüber der Zentralkommission in Berlin erneut ihre Sicht der Dinge dar: Der Verdacht der Sprengstoff-Sabotage ihres Sohnes habe sich bei den Amerikanern in Luft aufgelöst; die Rüstungsproduktion im Krieg sei nicht freiwillig und ausschließlich auf Rechnung von BMW erfolgt; für die Feldpostbriefe sei nur der Werbeleiter Möller verantwortlich; und mitnichten stehe das gesamte Vermögen unter Sequester, sondern nur der Anteil Werner Hüthers. Am 6. April 1948 legte der Westberliner Anwalt Günther von Rohrscheidt, ein ehemaliger Pflichtverteidiger von Rudolf Heß im Nürnberger Prozess, für die Mauxion KG und sieben weitere Unternehmen aus Saalfeld Einspruch ein gegen die „willkürlichen, sogenannten kalten Sozialisierungen". Vergeblich.

Die Enteignungsurkunde wurde am 1. Juni 1948 ausgefertigt. Zum Stichtag für die Eröffnungsbilanz des volkseigenen Betriebes einschließlich aller Nebenbetriebe und des Autohofs wurde der 1. Juli 1948 bestimmt. Der VEB Mauxion gehörte ab sofort zur Vereinigung Volkseigener Betriebe (VVB) Land Thüringen, Nahrung und Genuss, Erfurt. Die Unternehmervilla „Haus Bergfried", die von der Roten Armee beschlagnahmt und im Juni 1946 der enteigneten Maxhütte in Unterwellenborn übergeben worden war, sollte dem neuen VEB Bergbau- und Hüttenkombinat Maxhütte (seit Juli 1948) fortan als

Sanatorium für seine Walzwerker und Hochöfner dienen. Die pompöse Villa, welche die Berliner Zeitung im sowjetischen Sektor als „Palast des Schokoladenfürsten" und als Sinnbild feudaler Verhältnisse in Saalfeld skandalisierte, stand für die linientreue Presse damit in würdiger Nachfolge: Wie die einstigen Paläste von Fürsten und Baronen auf der Krim, in denen seit der Oktoberrevolution sowjetische Arbeiter gepflegt werden, wurde „Haus Bergfried" einer neuen Nutzung zugeführt. Doch die Unternehmerfamilie wollte sich noch nicht geschlagen geben. Anfang Juni 1948 widersprach Anni Hüthers Anwalt Oskar Feustel aus Pößneck der Beschlagnahmung und Einziehung des Privatvermögens der Unternehmerfamilie. Anni Hüther selbst legte am 19. Juli 1948 ein letztes Mal Widerspruch ein und erklärte nicht nur die Gründe als fadenscheinig, sondern kritisierte auch das fragwürdige Verfahren. Ferner protestierte sie gegen die Inventarisierung ihres Privateigentums und das Verbot des Treuhänders, etwas davon zu veräußern. Im Oktober 1948 adressierten auch die Geschwister Werner Hüther und Ilse Michelsen (geb. Hüther) von Garmisch-Partenkirchen aus ihren Protest gegen die Entrechtung nach Weimar und Berlin und gaben davon auch der amerikanischen Militärverwaltung Kenntnis.

Entnazifizierung im Westen

Ganz anders in der Amerikanischen Zone. Dort ging es um die Entnazifizierung des Juniorchefs und um seine Rehabilitierung. Nach dem „Gesetz zur Befreiung von Nationalsozialismus und Militarismus" vom 5. März 1946 erfolgte in allen Besatzungszonen durch die Spruchkammern eine Überprüfung und Beurteilung aller Deutschen über 18 Jahre in 1. Hauptschuldige, 2. Belastete (Aktivisten), 3. Minderbelastete, 4. Mitläufer und 5. Entlastete. Die Kontrollratsdirektive Nr. 38 vom 12. Oktober 1946 sollte dazu beitragen, das Vorgehen der Alliierten gegen Kriegsverbrecher, Aktivisten und Mitläufer zu vereinheitlichen. Die Geschichte der Unternehmerfamilie Hüther zeigt aber, dass die Amerikaner und Russen zu sehr unterschiedlichen Ergebnissen darüber kamen, wer als Kriegsverbrecher, Nationalsozialist, Militarist oder gefährlicher Deutscher zu betrachten sei.

Werner Hüthers Entnazifizierungsverfahren fand 1947 und 1948 statt. Zuständig für Niederwalluf war die Spruchkammer Rheingaukreis des Ministeriums für Wiederaufbau und politische Befreiung in Rüdesheim am Rhein. Sein Frankfurter Rechtsanwalt, Kurt Lemke, erbat für Hüther das beschleunigte Verfahren „mit Rücksicht auf seine geringfügigen Belastungen" und weil er nach seiner Entnazifizierung eine Lebensmittelfabrik eröffnen wolle. Er stieß beim öffentlichen Kläger damit offenbar auf Wohlwollen. Am 4. März 1948 wurde Hüther auf Antrag des öffentlichen Klägers vom 20. Februar 1948 als „Mitläufer" eingestuft und zu einer Sühnezahlung von 400 Reichsmark verurteilt, zuzüglich 150 Reichsmark Verfahrensgebühren. Zu Grunde gelegt wurde ein Streitwert von lediglich 4.800 Reichsmark – das war die Summe, die Hüther in seinem Meldebogen einige Wochen nach seiner Entlassung aus der Internierung am 10. Mai 1946 als Jahreseinkommen in seiner Funktion als „Arbeitnehmer" und „Volontär" in der Schokoladenfabrik für das Jahr 1938 angegeben hatte. Der Sühnebescheid erlangte am 29. März 1948 Rechtskraft. Mit der Einstufung als „Mitläufer" folgte die Spruchkammer Hüthers Selbsteinschätzung in Gruppe 4, die er in seinem Fragebogen angegeben hatte.

Warum sich das Spruchkammerverfahren vom ersten Meldebogen (Mai 1946) bis zum Antrag des öffentlichen Klägers (Februar 1948) und zum abschließenden Sühnebescheid (März 1948) über zwei Jahre hinzog, erschließt sich aus den Akten nur bedingt. Ein neuralgischer Punkt, der Rückfragen und Nachbesserungen erforderlich machte, betraf das Vermögen Hüthers. Am 5. Mai 1947 war Hüther aufgefordert worden, eine eidesstattliche Erklärung über die Höhe seines Einkommens und Vermögens in den Jahren 1943 und 1945 abzugeben. Die blieb er schuldig. Im Vermögensverzeichnis vom 15.12.1947 bezeichnete er sich als „Kaufmann und Gesellschafter (Kommanditist) der Mauxion KG Saalfeld (russ. Besatzungszone), z.Zt. als Vertreter der Gesellschaft in den Westzonen tätig". Seinen Anteil am Gesamtvermögen der Firma von 10 Millionen Reichsmark (Stand 1.1.1946) gab er mit 1.875.154 RM, das persönliche Guthaben nach allen Verbindlichkeiten an die Firma mit 236.693 RM an. Wegen seiner „Sicherheitshaft" bei den Amerikanern sei sein Vermögensanteil von rund 2.111.000 RM von der SMATh am 22. Februar 1946 unter Sequester gestellt worden. Im Juli 1946 habe man ihm zwar mitgeteilt, dass die Landeskommission die Herausnahme aus dem Sequester befürwortete. Aber ein Aufhebungsbeschluss durch „die Russen" sei noch nicht ergangen. Hüther bezeichnete sich als „z.Zt. vermögenslos". Er lebte von den Beihilfen der Mutter und der Geschwister.

Die im streng formalisierten Verfahren erforderlichen Auskünfte zur Person besagten: Der Kaufmann Werner Hüther aus Niederwalluf war vom 1937 bis 1945 Mitglied der NSDAP gewesen und hatte in der Wehrmacht als Oberleutnant gedient. Andere Angaben konnten nicht gegeben werden. Die Auskunft der Militärregierung über den „Betriebsassistenten" Hüther mit der NSDAP-Mitgliedsnummer 5.959.077 vom 1.5.1937 wurde im Berliner Document Center der Amerikaner eingeholt. In allen Formularen wurde Hüther handschriftlich als Gruppe „B" beziehungsweise „B +" markiert, was ihn als Belasteten (Aktivisten) auswies. Überwältigend positiv fielen die Leumundszeugnisse aus, die Hüther und sein Anwalt im Juni, Oktober und November 1947 aus der sowjetischen Besatzungszone beibringen konnten. Der Rudolstädter Wirtschaftsprüfer Peter Schübel, der Leiter der Saalfelder Industrie- und Handelskammer Stephan, alte „Mauxianer", wie der Lithograf Walter Günzerodt; ein Vertreter der Superintendentur der Evangelischen Kirche Thüringens; der Betriebsratsvorsitzende der Schokoladenfabrik, der sich als Entnazifizierungsspezialist des Unternehmens präsentierte; ein Freund

Hüthers aus Saalfeld; die Saalfelder Ortsgruppe der Verfolgten des Naziregimes und der ehemalige Generalvertreter der Mauxion KG – alle setzten sich mit eidesstattlichen Erklärungen für Hüther ein. Die meisten Zeugen verwiesen ausdrücklich darauf, selbst nie Mitglied der NSDAP gewesen zu sein. Die Persilscheine zeichneten das Bild eines Juniorchefs, der aus politischer Opportunität der NSDAP beigetreten, aber weder im Betrieb noch öffentlich jemals politisch als Nationalsozialist hervorgetreten war. Da Hüther keiner der im Nürnberger Prozess für verbrecherisch erklärten Organisationen (SS, SD, Gestapo und Korps der politischen Leiter) angehört, keine Straftaten begangen hatte und auch keine politische Belastung gegen ihn vorlag, galt: „Der Betroffene ist demnach als Mitläufer gemäß Artikel 12 des Gesetzes anzusehen."

Die Nachricht von der Total-Enteignung in Thüringen löste zwar im Westen Nachfragen beim Thüringischen Innenministerium aus. Die Kreuzberger Finanzbehörde im amerikanischen Sektor Berlins erbat Aufklärung über die Entscheidungsgründe. Die Landeskommission in Weimar antwortete im Juli 1948: „Als Inhaber bez. Mitinhaber [der Kommanditisten] eines Teilrüstungsbetriebes und auf Grund der von ihnen geduldeten nationalsozialistischen Kriegspropaganda in und außerhalb der Mauxion K. G. durch die Betriebsleitung, für welche Dr. Ernst Hüther hauptverantwortlich zeichnete, verfällt auch das Privatvermögen der Kommanditisten der Enteignung zu Gunsten des Volkes." Doch blieb dies im Westen ohne Einfluss.

In der amerikanischen Zone war das Entnazifizierungsverfahren Werner Hüthers keine Formalität, im Rückblick nahm es sich aber als harmlos aus. Die kriegswichtige Produktion, die Rüstungsproduktion und der Einsatz von Fremdarbeitern blieben unbekannt. Fragen nach der Regimenähe des Unternehmens wurden nicht gestellt, Vermögensfragen und Kriegsgewinne nicht mit Nachdruck ermittelt.

Während die Unternehmerfamilie Hüther in der sowjetischen Besatzungszone als „Kapitalistenfamilie" mit ihrem feudalem Lebenswandel zum Objekt des „Klassenhasses" wurde, als „Kriegsgewinner" und Rüstungsfabrikanten enteignet wurde und auch ihr Privatvermögen verlor, kam der Erbe als „Mitläufer" in der amerikanischen Zone mit einem Sühnegeld von 400 Reichsmark und einer Bearbeitungsgebühr von 150 Reichsmark glimpflich davon. Mit Ungeduld erwartete das Ernährungsamt in Garmisch-Partenkirchen den Abschluss seines Verfahrens und setzte darauf, dass der Rehabilitierte in Oberbayern recht bald mit der Herstellung von Nahrungsmitteln beginnen könnte.

Neuanfänge (1949–1989)

Neustart im Westen

Umgehend ging Werner Hüther nach Partenkirchen, wo bereits seine Schwester und sein Schwager Ilse und Johannes W. Michaelsen lebten. Kurze Zeit später zog auch Anni Hüther von Saalfeld nach Bayern, im Reisegepäck die Bücher mit den Orignalrezepturen der Mauxion-Erzeugnisse. In der Mittenwalder Straße hatte Ernst Hüther 1928 eine großzügige Villa erworben, die bis 1945 als Erholungsheim für die Saalfelder Angestellten genutzt worden war. Die Sommerfrische wurde nun zum neuen Wohnsitz der Familie und ab November 1948 zum neuen Sitz des Unternehmens.

Neben dem Erholungsheim hatte auch das Café Mauxion im „Bunten Haus" in der Bahnhofstraße den Krieg unbeschadet überstanden. Die Schokoladenstube mit Kaffee- und Konditoreibetrieb sowie Schokoladenverkauf wurde seit Anfang der 1930er-Jahre durchgehend von der Konditorfamilie Amann betrieben.

Von Partenkirchen aus nahm Hüther die Herstellung von Pralinen und Marzipan wieder auf und begann mit der Abfüllung von Kakaopulver. Nach dem Tod des Vaters und dem Verlust der Schokoladenfabrik in Saalfeld war es an ihm, das Traditionsunternehmen wiederaufzubauen, das in seiner Erinnerung nach der Sarotti AG das zweitwertvollste Unternehmen der Branche gewesen war, 30 Prozent der Exporte aller Süßwarenfabriken gestellt hatte und in Friedenszeiten mit 1.600 Beschäftigten einen Jahresumsatz von 15 Millionen Reichsmark erwirtschaftet hatte. Unter Einbringung der gewerblichen

Das Ernst-Hüther-Erholungsheim wird zum neuen Firmensitz, Foto 1930/40.

Individualrechte der Firma – Name Mauxion, Warenzeichen, Ausstattung, Reklame und Rezepturen – erhielt Werner Hüther von der IHK München für den Betrieb grünes Licht. Der Zeitpunkt war perfekt. Ab 1949 war im Westen Rohkakao wieder verfügbar, er wurde zunächst unter den Fabrikanten quotiert. Wer noch nicht über eine eigene Produktion verfügte, konnte seinen Rohkakao an andere Hersteller verkaufen, oder Produktionsaufträge vergeben. So konnten auch Firmen wie Mauxion im Sommer 1949 mit der Produktion beginnen. Auf der Suche nach einer Schokoladenfabrik ohne Markennamen, die von der rohen Bohne bis zur Tafel arbeitete wurde Mauxion in der amerikanischen Zone fündig. Die erste Schokoladenfabrik, die Mauxion-Tafelschokolade nach den alten Rezepten in Lohnproduktion herstellte, war Schoko-Buck (seit 1922) in Stuttgart, einem Zentrum der westdeutschen Schokoladenindustrie.

Dann übernahm die „Ph. Kneisl Kakao-, Schokoladen- und Zuckerwarenfabrik" die Produktion im Pachtvertrag. Die Inhaber, die Brüder Walter und Wilfried Kneisl, waren in der dritten Generation Süßwarenfabrikanten aus Holleschau (Holešov) in Mähren, die es ins oberbayerische Geretsried südlich von München verschlagen hatte, nachdem das väterliche Unternehmen gleichen Namens nach 1945 enteignet und die Familie ausgewiesen worden war. Kneisls Erfolgsgeschichte im Westen begann 1949 mit falschen Marzipankugeln aus aromatisiertem Kartoffelbrei– ein echtes Ersatzprodukt der Nachkriegszeit, das trotz kurzer Haltbarkeit im Werkverkauf reißenden Absatz fand. 1952 übernahm der Betrieb für Trumpf aus Aachen einen Großauftrag über 30 Tonnen Tafelschokolade, ließ dafür eine Produktionshalle errichten mit nichts als einem Vertrauensvorschuss in den Erfolg und lieferte innerhalb von drei Monaten. Seitdem spielte die Süßwarenfabrik aus Geretsried in der Liga der Schokoladenproduzenten „von der Bohne bis zur Tafel" mit und übernahm Lohnaufträge. Einen weiteren Auftrag für Tafelschokoladen vergab Hüther an die Keks- und Schokoladenfabrik Harry Trüller (seit 1907) in Celle. Der Mauxion Kakaotrunk hingegen wurde im hessischen Niederwalluf und später in Wolzhausen an der Lahn hergestellt.

Ein Teil der Hüther-Villa wurde umgebaut und diente selbst als Produktionsstätte, 1952 wurde noch ein Behelfsbau errichtet. Zusätzlich mietete man Büros und weitere Räume an. Mauxion expandierte schnell. In den ersten zehn Jahren stelle man am Hauptsitz Pralinen, Königsberger Marzipan und quadratische gefüllte Schokoladen mit Arak, Marzipan und Rum her. Die Erzeugnisse durchliefen eine strenge Qualitätskontrolle. Schokoladen und Pralinen mit Fehlern wurden als Schokobruch für 2 D-Mark an die Stammbelegschaft verkauft. Diese zählte Mitte der 1950er-Jahre etwa 100 Mitarbeiter. Doch in der Hochsaison in den drei Monaten vor Weihnachten wurden noch einmal so viele Aushilfskräfte bei Mauxion beschäftigt. Auch in der neuen Zeit fühlten sich die Mitarbeiter der Schokoladenfabrik als „Mauxianer". In der Hüther-Villa feierte man

Weihnachten und vor allem Fa-
sching. Man ging gemeinsam
Schilaufen. Und in Anni Hüthers Haus im oberbayerischen
Peißenberg fanden auch nach
ihrem Tod (1962) noch in den
1970er-Jahren „Ehemaligen-
Treffen" statt.

Die in Jahrzehnten gewach-
senen Strukturen des Direkt-
vertriebs stellten eine Beliefe-
rung alter und neuer Kunden
in der ganzen Bundesrepublik
sicher. Unter ihnen war auch
die Lufthansa. Reisende Herren besuchten mit ihren Musterkoffern und Schmeckproben
der ersten Erzeugnisse in Friedensqualität die Einzelhänd-
ler, Filialleiter und Einkäufer
von Lebensmittelabteilungen
der Kaufhäuser. Von den etwa
dreißig Vertretern konnten etliche auf eine Betriebszuge-

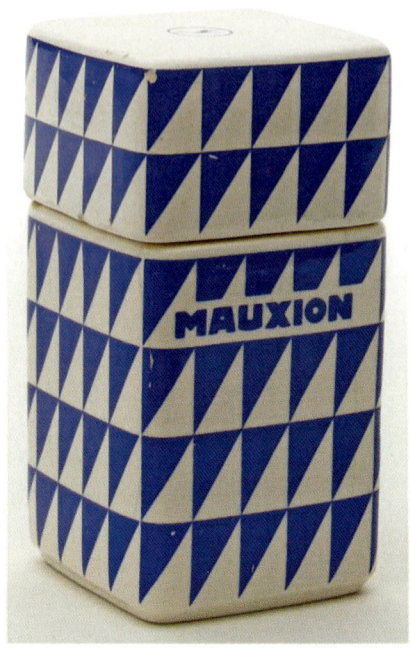

Karin Hartewig

Bordverpflegung für Lufthansa. Keramik-
dose für Schokolade. 10 cm hoch, Hersteller: Wächtersabach, 1950er-Jahre.

hörigkeit von 25 Jahren und mehr zurückblicken. Die „Ein-
satzbereitschaft des noch vorhandenen alt eingeführten
Vertreterstabes" wurde als bedeutsamer Faktor für den Erfolg
des Unternehmens angesehen. Spätestens Ende der 1950er-
Jahre war Mauxion auf den großen Messen der Nahrungs- und
Genussmittelindustrie selbstbewusst mit einem großen Stand
vertreten und zeigte allen: Man war wieder wer.

Die Hüthers waren nicht die einzigen Unternehmer aus
Saalfeld und Pößneck, die im Zuge der Enteignungen das
Weite gesucht hatten. Auch Erwin Rebling (Berger Schokolade) und Emil Schlutius (Schlutius Kartonagen) flüchteten und
starteten ihre Unternehmen im Westen neu. Die gewaltsame

Messestand Mauxion, 1958.

Transformation in der SBZ verursachte im Falle der Schokoladenindustrie und der Verpackungsbranche zwar keine De-Industrialisierung, aber doch einen Brain Drain von Wissen, Erfahrung und Technologie in den Westen, der das westdeutsche Wirtschaftswunder nach einer ersten schwierigen Phase des Mangels und der Arbeitslosigkeit beflügelte.

Der gute Name

Die westdeutsche Erzählung, die 1955 zum 100-jährigen Bestehen der Schokoladenfabrik in Umlauf gebracht wurde, handelte von großen Erfolgen, schwersten Verlusten „nach dem Zusammenbruch" und vom großen Vertrauen in die Marke. Der gute Name der Produkte war für den Neuanfang im Westen von zentraler Bedeutung. Selbstverständlich bestand Werner Hüther auf dem alten Logo EH, dem blauen Band, dem Slogan und dem Markennamen. Viele Jahre lang führte der Unternehmer einen Rechtsstreit gegen den alten Betrieb in Saalfeld der sich unbekümmert „VEB Mauxion" nannte. Und er gewann. Die Auseinandersetzung um die Markenrechte sollte der einzige geschäftliche Kontakt bleiben, den Mauxion mit dem Betrieb in Saalfeld hatte. Zu keiner Zeit ging Werner Hüther Kooperationsbeziehungen mit dem alten enteigneten Betrieb ein, wie es andere taten.

Neu hinzugefügt wurde in den 1950er-Jahren auf den Verpackungen, Sortimentskatalogen und im Messebau das Jahr der Unternehmensgründung: „Seit 1855" reklamierte die gute alte Zeit für den westdeutschen Neuanfang: die Gründung des Familienbetriebs, den Aufstieg aus bescheidenen Anfängen und den französischen Namen als Synonym für den kleinen Luxus, den bald alle haben wollten. Die Entwürfe für die Tafeleinschläge, und Pralinenpackungen und die Werbung der 1950er-Jahre entwarfen der freiberuflich tätige Gestalter Fritz Uhlich (1893–1973) und der Landschaftsmaler Johann Nepomuk Jemüller (1892–1971). Der Katalog für Mauxion-Vertreter bot bereits ein vielfältiges Angebot. Beschwingt, sonnig, in lichten Farben und bereits mit einer dezenten Anmutung von Luxus traten die Einschlagpapiere und Bonbonnièren den Kunden entgegen.

Auch in einem anderen Sinne war der gute Name Gold wert. Die neuen Betriebe der „Zonenflüchtlinge" und der Vertriebenen aus dem Osten, denen anders als den Eingesessenen das Kapital für Investitionen in Maschinen und liquide Mittel fehlten, mussten auf die Zahlungsmoral der Kunden und auf das Vertrauen der Lieferanten setzen, und sie waren auf Bankkredite angewiesen. Mauxion bildete hier keine Ausnahme. Als die Branche Anfang 1955 mit einer ersten Absatzkrise konfrontiert war, geriet Hüther wegen unzureichender Sicherheiten in eine bedrohliche Schieflage. Die IHK riet zu einer Bürgschaft der Bayerischen Landesanstalt für Aufbaufinanzierung (LfA). Die LfA, die 1950 als „Flüchtlingsbank" gegründet worden war, sicherte die Kredite der Hausbanken durch Staatsbürgschaften ab. Vielversprechende Unternehmen, die mutmaßlich durch das Feuer stalinistischer Willkür gegangen waren, gelitten und alles verloren hatten, kamen in Westdeutschland in den Genuss indirekter staatlicher Unterstützung. Doch es gab keine Garantie auf Erfolg. Der Unternehmer hätte Mauxion auch veräußern können. Von der Schokoladenfabrik Trumpf hatte er 1955 ein Übernahmeangebot erhalten. Allein für die Überlassung der Markenrechte wollte man ihn mit drei Prozent am Umsatz aller Mauxion-Erzeugnisse beteiligen. Damals schlug Hüther das Angebot aus. Und Mauxion existierte weiter.

Doch 1958/59, im Zenit des Wirtschaftswunders und der westdeutschen „Fresswelle" verkaufte er an Trumpf und damit an die Leonhard Monheim AG. Das Marktumfeld war deutlich schwieriger geworden, denn allmählich verwandelte sich der Verkäufermarkt, der Mühe hatte, die stets hohe Nachfrage nach Schokolade und Süßigkeiten zu befriedigen in einen Käufermarkt. Die Konsumenten entwickelten höhere Ansprüche an die Qualität, aber auch ein größeres Preisbewusstsein im Mittelfeld der Konsummarken. Die Branche erlebte einen Konzentrationsprozess. Ab August 1959 beherbergte die Villa nur noch das technische Büro zur Abwicklung der Kommanditgesellschaft. Sie wurde in eine Gesellschaft mit beschränkter Haftung umgewandelt. Am 9. November 1959 wurde der Firmensitz der Mauxion Schokoladenfabrik GmbH nach Aachen verlegt. Nur wenige Jahre nach der Auflösung der „Mauxion KG" starben Anni Hüther im März 1962 mit 77 Jahren und mit nur 52 Jahren Werner Hüther im April 1962. Die Branchenkonzentration auf immer weniger große Hersteller sollte sich in den folgenden Jahrzehnten fortsetzen. Die Aufhebung der Preisbindung für Tafelschokolade im Jahr 1964 verschärfte den Preisdruck und damit den Wettbewerb und zwang zur Erhöhung der Produktivität in der Herstellung bei immer weniger Beschäftigten. Bis dahin hatte eine Tafel „massive Marken-Tafelschokolade" 1,30 D-Mark gekostet, keine Kleinigkeit. Die Preisbindung war bereits seit 1962 immer wieder unterlaufen worden. Nach 1964 gingen die Preise branchenweit in den Sinkflug und erreichten 1968 einen Tiefpunkt von 81 Pfennig pro Tafel. In der Bundesrepublik wurde Schokolade endgültig zum Massenprodukt, das sich jedermann leisten konnte. Und Mauxion, die Premiummarke von einst, kämpfte in den folgenden Dekaden gegen den Abstieg ins Mittelfeld der Konsummarken.

Mauxion in Volkseigentum

Anni Hüther konnte zwar die Bücher mit den Rezepturen für Pralinen und Schokolade als Startkapital in den Westen mitnehmen. Die Maschinen, die Arbeiterinnen und das in Jahrzehnten erworbene Erfahrungswissen blieben in Saalfeld. Dort wurde weiter produziert. Die Produktwelt war durchaus vielfältig und bunt, doch war in der ersten Zeit nur wenig Schokolade dabei. Man beschränkte sich auf Süßwaren und Spirituosen. Anfangs verwendete der VEB Mauxion das alte Traditionslogo „EH", bald aber mit dem Zusatz „VEB Süßwarenfabrik". Als Bildzeichen und summarisches Logo, das auch für andere Betriebe der Branche Verwendung fand, erschien das Kürzel VEB bald in einem kreisförmigen Ring, der von einem zierlichen Gebilde durchbrochen wurde. Es erinnerte an eine Zuckertüte. Weiterhin zierte das charakteristische königsblaue Band Tafeleinschläge und Packungen. Man setzte auf visuelle Kontinuität. Doch manche Verpackungsdesigns muteten „nationalsozialistischer" an als ihre Vorläufer aus der Zeit des „Tausendjährigen Reiches". So erblühten die humoristische Folklore und die Faszination für den KdF-Wagen nach 1945. Im September 1948 erschien unter dem Namen „Das blaue Band" die neue Betriebszeitung. Sie verstand sich als Organ der Betriebsparteiorganisation (BPO) der SED, und wollte die alte Belegschaft für den Sozialismus gewinnen – als Aktivisten und als Nutznießer der neuen Zeit, in der Mauxion-Arbeiterkinder Studienbeihilfen an der Arbeiter- und Bauernfakultät (ABF) der Universität in Jena erhielten. Programmatisch verlautete das Blatt in seiner ersten Nummer: „Mauxion gehört zu den

KdF-Wagen und Verkehrs-
zeichen-Quiz. Packung für
Kekse des VEB Mauxion, undatiert.

Betriebsarchiv Saalfeld

Produktion mit solidarischer
Unterstützung. Vermerk:
„Die Verbesserung unserer
Qualität und die Erweiterung
unseres Sortimentes verdan-
ken wir den Handelsbezie-
hungen zu der Sowjetunion
und den Volksdemokra-
tien.", undatiert.

Betriebsarchiv Saalfeld

Betrieben, welche dem Naziregime und den Kriegsbrandstiftern Dienste geleistet haben und deshalb enteignet und dem Volk übergeben worden sind". Das Blatt war eine Mischung aus Neuem und Altem: Es diente hochtrabend der Festigung des Klassenstandpunktes. Aber es bot auch die gewohnten Nachrichten aus dem Betriebsleben. Und so blieb vieles, womit sich die alten „Mauxianer" identifizierten und worauf sie als Arbeiter stolz waren, unwidersprochen: der Musterbetrieb mit seiner großzügigen betrieblichen Sozialpolitik, die vor 1945 ihresgleichen suchte und die Qualitätserzeugnisse von Weltruf. Im Gegenteil: Was in der Zeit des antifaschistischdemokratischen Neubeginns an der Unternehmenskultur auf das Schärfste kritisiert worden war, wollte der Volkseigene Betrieb unter neuen politischen Vorzeichen überbieten. Die Eröffnung des Betriebskindergartens „Lebensmorgen" (1946), die Krippe, Wäscherei und Näherei, der Lebensmittelverkauf, die Werksbücherei und der Betriebsfunk, die Werksfürsorge und die Kantine zählten ebenso wie alle sportlichen und kulturellen Aktivitäten zur Entfaltung des sozialistischen Kollektivs. Und was den Weltruf der Marke betraf, so hoffte der junge VEB ernsthaft, an die glanzvolle Zeit des Exports anzuknüpfen und die angestammte Auslandskundschaft bald wieder beliefern zu können. Einstweilen war man aber vom Import von Kakao und Kolonialfrüchten abgeschnitten. Und die Anfänge der Produktion nahmen sich bescheiden aus.

Im Februar 1950 begann der VEB Mauxion mit der Herstellung von Tafelschokolade auf einer alten Eintafelanlage. Die flüssige Schokolade wurde dabei noch manuell in den Gießkessel gefüllt. Auch die Metallformen mussten von Hand aufgelegt und am Bandende abgenommen werden. In den 1950er-Jahren waren viele Arbeitsvorgänge noch nicht mechanisiert: Die Walzenstraße wurde von Hand betrieben. Haselnüsse verlasen die Arbeiterinnen von Hand und die Kugelröster für die Kakaobohnen wurden in Handarbeit mit Koks beheizt. Die älteste Maschine war 1922 noch von Ernst Hüther angeschafft worden.

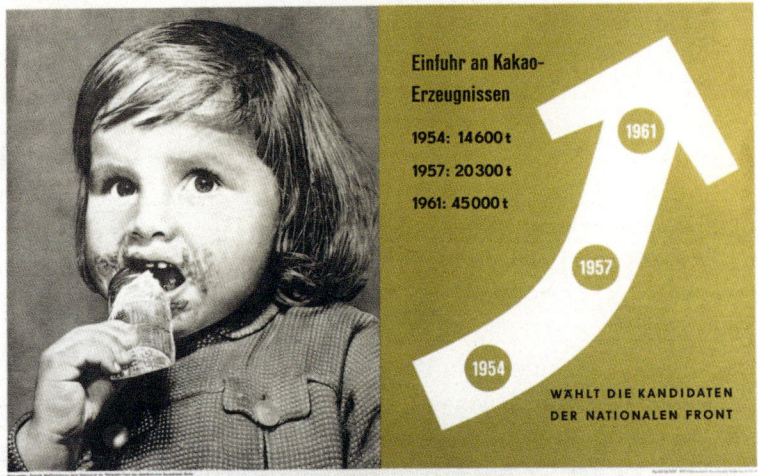

FÜR DICH · FÜR MICH · FÜR ALLE

Einfuhr an Kakao-
Erzeugnissen

1954: 14 600 t
1957: 20 300 t
1961: 45 000 t

1961

1957

1954

WÄHLT DIE KANDIDATEN
DER NATIONALEN FRONT

Bundesarchiv, Plak 102-045-012

Für Dich – Für Mich – Für Alle! Das große Versprechen: Schokolade. Plakat zur Volkskammerwahl 1958.

Die Schwierigkeiten des Neuanfangs schienen fast un-überwindlich. Weil die Schokoladenfabrik so unwirtschaft-lich arbeitete, wurde 1951 sogar eine Betriebsstilllegung er-wogen. Nur der scharfe Protest der SED-Grundorganisation und der gesamten Belegschaft konnte die Schließung ab-wenden. Erst ab Herbst 1954 besserte sich die Lage. 1955 wurde eine zweite Eintafelanlage installiert. Bis 1958 stellten sich erste Erfolge ein, mit denen die Abteilung Agitation und Propaganda bei der Kreisleitung der SED Saalfeld punkten konnte. Die Produktionsmengen von Kakaoerzeugnissen und Zuckerwaren verzeichneten im Vergleich zu 1951 ein deutli-ches Plus von 268 Prozent. Und die Arbeitsproduktivität stieg auf 284 Prozent. 1960 kam der Betrieb auf eine Tagesproduk-tion von 20 Tonnen Schokoladentafeln. Die Versorgung der Bevölkerung mit Schokolade war ein sensibles Thema, das die halbe Nation erregte, und 1958 noch immer zur Wahlpropaganda taugte.

Doch Handarbeit, Zwang zur Improvisation und Modernisierungsstau kennzeichneten den volkseigenen Betrieb bis in die 1970er-Jahre. Hinzu kam immer wieder der Mangel an Rohstoffen. In den 1960er-Jahren erhoffte man sich von der Zusammenfassung volkseigener Betriebe zu größeren Einheiten und von der Bildung von Kombinaten der Süßwarenindustrie mehr Wirtschaftlichkeit. So wurden am 1. Januar 1966 der VEB „Rotstern" und der VEB „Berggold" aus Pößneck zum VEB „tsw" (Thüringer Schokoladenwerk) vereinigt. Zuletzt wurde ihm im Januar 1981 als dritter Standort der VEB „Süßwaren Erfurt" zugeschlagen. Zunächst gehörte der VEB „tsw" zur VVB Süß- und Dauerbackwarenindustrie Halle und ab 1980 zum VEB Kombinat Süßwaren Delitzsch.

Das Thüringer Schokoladenwerk mit seinen drei Betrieben, die von der Kakaobohne bis zur Tafel arbeiteten, ihre Kakaobutter selbst herstellten und auch die Haselnüsse selbst rösteten, entwickelte sich zum Rückgrat der DDR-Wirtschaft. Es beschäftigte 1981 in der Spitze insgesamt 1.660 Mitarbeiter, und es hatte mit 95 Prozent der DDR-weiten Produktion von Tafelschokolade eine Monopolstellung inne. Bezogen auf alle Schokoladen- und Süßwarenerzeugnisse der DDR kam jedes zweite Produkt aus dem VEB „tsw".

An Auszeichnungen erhielt das Schokoladenwerk mehrere Titel: „Betrieb der sozialistischen Arbeit" (1970), "Betrieb der vorbildlichen Ordnung und Sicherheit" (1982) und „Betrieb der ausgezeichneten Qualitätsarbeit" (1984), im September 1984 die Auszeichnung mit dem „Vaterländischen Verdienstorden in Gold" und in den Jahren 1986 und 1987/88 jeweils den Orden für das Betriebskollektiv „Banner der Arbeit II". Die Auszeichnungen standen in engem Zusammenhang mit produktionstechnischen Verbesserungen und Modernisierungen in den Jahren 1984 bis 1987/88. Auch die sozialistische Planwirtschaft hatte ihre Musterbetriebe.

Sozialismus im Betrieb

Schon immer standen die „Mauxianer" loyal zu ihrem Betrieb. Doch die politische Stimmung und das Betriebsklima „in der Mauxion" waren angespannt. Es herrschte – wie stets nach großen politischen Umbrüchen – eine Stimmung des Abwartens, des Stillhaltens, des dosierten Meckerns und der Anpassung, also eine Art von missmutiger Loyalität unter den Arbeiterinnen und Arbeitern.

Eine neue Ära der industriellen Beziehungen in den volkseigenen Betrieben einzuleiten und zu etablieren, war im Sozialismus die Herausforderung der Stunde. Doch das Gewicht der Tradition wog schwer und kollidierte bis in die späten 1950er-Jahre mit den neuen Betriebsstrukturen und ihren Kontrollinstanzen: der Betriebsparteiorganisation der SED, der SED-Kreisleitung und der Parteikontrollkommission, sowie dem FDGB und der FDJ. Dabei zeigte sich, dass der volkseigene Betrieb mit ideologischen Kampagnen allein nicht zu führen war. Doch bis sich Betriebsstrukturen entwickelt hatten, die nicht ausschließlich auf Repression setzten, brauchte es Zeit. Noch stärker als in den Neugründungen „ohne Vergangenheit" war im ehemals paternalistischen Familienbetrieb Mauxion der Generationswechsel in der Belegschaft, die Ablösung der alten Führungsmannschaft und die Etablierung der neuen Kräfte nötig.

1950 aber stand die stalinistische Säuberung des Betriebs auf der Tagesordnung. Denn der Imperativ der „ideologischen Wachsamkeit" betraf in der jungen DDR nicht nur die SED, die Blockparteien und die neuen Massenorganisationen, sondern alle Bereiche der Gesellschaft und auch die Wirtschaft. Mauxion stand im Mittelpunkt des Interesses der SED-Parteikontrolle, weil der Widerstand gegen die Verstaatlichung hier besonders stark gewesen war und weil die ehemaligen Eigentümer nun im Westen lebten. Nach dem Motto des „wer ist wer" wussten die Genossen bestens Bescheid über Vorkriegskarrieren, besondere Schutz- und Abhängigkeitsverhältnisse des Führungspersonals zur alten Unternehmerfamilie, über Fluchten in den Westen und über Verhaftungen im Osten. Zwar befand sich 1950 niemand mehr in der Geschäftsleitung des Betriebes, der aus der „Hütherschen Zeit" stammte. Doch in allen Abteilungen der Verwaltung, im Einkauf, in der Buchhaltung, Kalkulation und im Betriebskontor, unter den Meistern und im Laboratorium gab es sie noch, die alten Kräfte. Die Parteikontrolle vermutete, dass diese Leute über alte Kundenkontakte auch mit der Unternehmerfamilie in Verbindung stünden. Vorsichtig schätzte die SED ein, dass es zumindest in der Belegschaft keine Hinweise gab, „dass man nicht einverstanden ist, dass der Betrieb volkseigen ist".

Zwei Jahre später erfolgte die Kontrolle der Kontrolleure. Um festzustellen, ob die SED bereits „das richtige Verhältnis zu den parteilosen Arbeitern" habe und ob die „führende Rolle der Parteiorganisation im Betrieb" schon hinreichend „verwirklicht" sei, wurde die SED-Betriebsparteiorganisation im Februar 1952 durch die Kreisparteikontrollkommission (KPKK) der SED Saalfeld überprüft. Die Überprüfung schlug Wellen. Und ihre Ergebnisse wurden anderen VEBen als Muster und Blaupause für eigene Mängel und Versäumnisse übermittelt. Es ging um Machtfragen, um alte Hierarchien und die Autorität von Meistern und Vorarbeitern mit langjähriger Betriebszugehörigkeit, aber auch um das ganze Spektrum von Verhaltensweisen der SED-Mitglieder selbst: zwischen verzagter Passivität gegenüber den Parteilosen bis zum selbstherrlichen Auftreten der neuen politischen „Würdenträger". Kritisch angemerkt wurde, dass sich bei einem „Anteil der Frau von 80 %" der Belegschaft unter den 34 Meistern und Vorarbeitern nur eine Frau befand und dass die große Mehrheit (27) bereits seit 1942 oder länger im Betrieb tätig war. *(siehe Tabelle 3)*

Zum Befehlsgehabe der Meister passte angeblich der Kommandoton ehemaliger NSDAP-Mitglieder und Offiziere, welche in der Einkaufsabteilung noch bis zu 26 Prozent der Angestellten ausmachten. Dagegen wollte man eine neue „volkseigene", aber selbstverständlich ebenfalls nicht

Betriebszugehörigkeit der 33 männlichen Meister und Vorarbeiter, Feb. 1952

16	seit mehr als 25 Jahren
6	seit mehr als 20 Jahren
3	seit mehr als 15 Jahren
2	seit mehr als 10 Jahren

Tabelle 3 | Quelle: Überprüfung des VEB Mauxion durch die KPKK am 12.2.1952, S. 9, in: ThStA Rudolstadt. Kreisleitung der SED Saalfeld IV/4/10/238.

herrschaftsfreie Betriebskultur setzen, die Formen der Teilhabe eröffnen sollte. Auf allen Ebenen des Betriebs sollte „Kritik und Selbstkritik" als Mittel der Kommunikation möglich sein. Eine umfassende Bildungsoffensive, die innerhalb des Ersten Fünfjahrplanes (1951–1955) aus Ungelernten Gelernte, aus Facharbeitern Meister und aus Meistern und Technikern Ingenieure machen sollte, wurde auch für Mauxion gefordert. Sie erscheint heute als umfangreiches Programm des sozialen Aufstiegs, das politische Loyalität stiften sollte. Ferner ging es um eine neue Organisation des betrieblichen Arbeitsregimes in „Brigaden" als kleinste Arbeitseinheit im Betrieb und um Formen der Mobilisierung dieser Brigaden im sozialistischen Wettbewerb, also um Leistungsmotivation und Selbstverpflichtung. Ein besonderes Augenmerk legte die Parteikontrolle auf das Verhältnis zwischen den Generationen. „Die Jugend" wurde in der sozialistischen Rhetorik stets überhöht als Garant für eine lichte Zukunft. Durch die Brille der Meister und Ausbilder und der FDJ erschien sie aber im Betriebsalltag des VEB Mauxion vorwiegend als Erziehungsobjekt und Ruhestörerin. Rebellische Jugendliche, die den „Feindsender" RIAS hörten und bei der Arbeit seine Schlager sangen, wurden regelmäßig der FDJ und der SED angelastet, die sich angeblich nur ungenügend um junge Leute „kümmerten".

Insgesamt erschien das nachhaltig angespannte Verhältnis zwischen der Betriebsleitung, der Gewerkschaft und der SED im Betrieb bedenklich. Von guter Zusammenarbeit konnte 1952 keine Rede sein. Man ging sich nach Möglichkeit aus dem Weg. Ende Mai 1953 wurden die Arbeitsnormen um durchschnittlich 10 bis 20 Prozent und die Lebensmittelpreise erhöht. Dank der erzwungenen sozialistischen Transformation kam es überall in der DDR zu Unmut, Protest und halböffentlicher Kritik, was die sowjetischen Machthaber zu der Einsicht führte, dass eine Kurskorrektur nötig sei, um in der DDR einen Kollaps des politischen Systems abzuwenden. Anfang Juni 1953 wurde eine SED-Delegation nach Moskau zitiert. Und am 9. Juni 1953 verkündete das Politbüro der SED auf Druck der Sowjets bekanntlich den „Neuen Kurs". Doch für eine geräuschlose Korrektur war es zu spät: Die Lockerungen und vorsichtigen Zugeständnisse ermunterten viele Menschen, offen gegen das SED-Regime aufzubegehren. So wurde der „Neue Kurs" paradoxerweise zu einem der Auslöser des Volksaufstands am 17. Juni 1953.

Die Unzufriedenheit mit den wirtschaftlichen und politischen Verhältnissen war auch in der Mauxion-Belegschaft und selbst unter den Mitgliedern der FDJ spürbar. Doch als andernorts in Jena, Gera, Weida, in der Maxhütte und bei der Wismut am 17. Juni 1953 der Aufstand losbrach, herrschte in der Schokoladenfabrik vollkommene Ruhe. Niemand streikte, niemand wagte aufzubegehren in dem Betrieb, der unter Bewachung von SED- und FDJ-Genossen stand. Die Ereignislosigkeit erschien so verdächtig, dass eine Woche später eine Aufklärungsbrigade der FDJ unter den „Jugendfreunden" im Betrieb nachforschte. Doch Kritik wurde nur hinter vorgehaltener Hand geäußert. Daraufhin stürzte sich die FDJ-Betriebsgruppe aktionistisch in die Entfaltung eines „frohen Jugendlebens", das sich vorwiegend an die eigenen Leute richtete: Von den 280 Jugendlichen im Betrieb waren 239 in der FDJ. Und als nach der Niederschlagung des Volksaufstands allerorts

An alle jungen Arbeiterinnen und Arbeiter, an alle Betriebsgruppen der Freien Deutschen Jugend des Kreises Saalfeld-Saale!

Das sind die Brigadiere der Jugendbrigaden des VEB Mauxion Saalfeld, die sich zum Ziel gesetzt haben, mit ihren Brigaden die größten Produktionserfolge im Betrieb zu erreichen.

Liebe Freunde!

Wir jungen Arbeiterinnen und Arbeiter der Süßwarenfabrik VEB Mauxion Saalfeld haben erkannt, daß mit der schnellen Verwirklichung des neuen Kurses von Partei und Regierung allen werktätigen Menschen ein Leben in Frieden und Wohlstand gewährleistet wird.

Die Menschen im Westen unseres deutschen Vaterlandes werden an dem schnellen Wachstum unseres Lebendstandards erkennen, daß wir in der Deutschen Demokratischen Republik eine Regierung haben, die in der Verwirklichung ihrer Politik stets das Wohlergehen der Werktätigen und die Erhaltung des Friedens im Auge hat. Die schnelle Verwirklichung des neuen Kurses wird entscheidend dazu beitragen, daß wir die demokratische Einheit Deutschlands erreichen und damit den Frieden in der Welt erhalten.

LATh – StA Rudolstadt, Freie Deutsche Jugend (FDJ), Bezirksleitung Gera 845/1, Bl. 249.

Flugblatt vom 24.10.1953, Vorderseite.

die Belegschaften ihre Glückwünsche als „Dank an Partei und Regierung" entboten, standen die Jugendbrigaden im VEB Mauxion treu an der Seite der Arbeiterjugend Saalfelds. Der Aufruf zum sozialistischen Wettbewerb der Jugendbrigaden der Maxhütte, bei Zeiss, der Bau-Union, Abus, Textima und Mauxion war ihre Ergebenheitsadresse an die SED, den „Neuen Kurs" schnell zu verwirklichen.

Konfliktfrei waren die Beziehungen zwischen den Belegschaften, ihren Gewerkschaftsvertretern, den Vorgesetzten und der SED nicht. Durch die Aufstände in Polen und Ungarn ermutigt, forderten die „Mauxianer" 1956 höhere Löhne und niedrigere Preise. Die Abteilungsleiterin des Pralinenpacksaals, ein SED-Mitglied, sprach im Oktober 1956 von „Aufwiegeleien", die es früher, als sie noch Direktrice bei Hüther war, nie gegeben habe. Mauxion und die alte Unternehmerfamilie blieben lange Zeit ein bestimmender Referenzpunkt für betriebliches Handeln.

Für Unmut sorgten die Festlegung der Arbeitsnormen und die neuen Methoden des sozialistischen Wettbewerbs, welche die Arbeitsproduktivität steigern sollten und den Druck auf die Brigaden in der Produktion und in den Packabteilungen erhöhten. Als das System der Prämien 1959 geändert wurde und nur noch die besten Brigaden Leistungsprämien erhalten sollten, eskalierte der Streit. Aus Protest kam es am 3. Oktober 1959 zur Arbeitsniederlegung zweier Brigaden von etwa dreißig Akkordarbeiterinnen im Pralinenpacksaal, die erstmals keine Prämie erhalten hatten. Sozialer Protest, Arbeitsunterbrechungen oder Streiks stammten aus der Welt des Klassenkampfes. Die spontane Aktion schreckte die Betriebsleitung, den Werksdirektor, die Abteilungsleiter, die Gewerkschafts- und die Parteileitung sowie die Volkspolizei auf und hatte Folgen. Die Rädelsführerin des Protests, die seit 1936 im Betrieb tätig und SED-Mitglied war, spielte die Arbeitsunterbrechung herunter. Die BPO der SED empfahl eine Maßregelung aller beteiligten Parteimitglieder, aber auch eine Prüfung der Löhne im Betrieb. Nichts fürchtete die SED seit

VEB Rotstern am 1. Mai 1960.

dem Volksaufstand vom 17. Juni 1953 mehr als ihre Arbeiterklasse – auch in Gestalt der Arbeiterinnen des Pralinenpacksaales, die aus Unmut über die neuen Leistungsprämien spontan ihre Maschinen abstellten. Zumindest in der Öffentlichkeit waren die Reihen der Arbeiterinnen zum 1. Mai aber wieder geschlossen.

Die Marke „Rotstern"

Im jahrelangen Rechtsstreit um den Namen Mauxion verloren die Saalfelder 1954 gegen die Eigentümerfamilie im Westen. Nun musste der volkseigene Betrieb einen neuen Namen, ein neues Logo und einen neuen Markennamen für seine Erzeugnisse finden. Mit dieser Aufgabe war Walter Franz Günzerodt (1898–1962) betraut. Der langjährige Grafiker, der am

14. März 1927 in die Schokoladenfabrik Mauxion eingetreten und bis zum 31. Dezember 1951 als Lithograf im Betrieb tätig war, arbeitete inzwischen im Verkauf. Er erfand den Namen „Rotstern". Das Bildzeichen – der Stern im Ring – bekräftigte und verstärkte die Wortmarke visuell. Die kombinierte Bild-/Wortmarke wurde im November 1954 beim Markenamt der DDR angemeldet und am 17. März 1955 ins Register eingetragen.

Was als Ausdruck der neuen Zeit und als sozialistische Botschaft gelesen werden konnte, ließ sich auch anders interpretieren. Den Namen „Rotstern" hatte sich der große Konkurrent Robert Berger Schokolade bereits am 21. Mai 1910 schützen lassen. Günzerodt dürfte das pompöse Wort-/Bildzeichen „Berger-Rotstern" mit der ästhetischen Anmutung des Ritterordens vom Heiligen Grab aus vergangenen Zeiten gekannt haben. Dazu war Pößnecks süße Festung des Kapitalismus zur selben Zeit wie die Schokoladenfabrik Mauxion enteignet und verstaatlicht worden, bis 1954 die Tilgung des Traditionsnamens folgte. Nun hieß das Unternehmen „VEB Berggold". All dies ermunterte den Grafiker vermutlich dazu, sich des alten Namens aus der Zeit vor 1945 ohne Bedenken zu bedienen, obwohl man gerade den Streit um die Markenrechte an Mauxion verloren hatte.

Und das vierschenkelige Gebilde im Kreis? Auf den zweiten Blick ähnelt es eher einer Kompassrose als einem Stern. Ein vergleichbares Motiv auf marineblauem Grund hatte auf der anderen Seite des Eisernen Vorhangs Prominenz erlangt: Die Nato, 1949 als Verteidigungsbündnis der westlichen Welt gegen die Sowjetunion gegründet, hatte es – zentriert im Kreis – , am 13. Oktober 1953 zu ihrem Logo erkoren. Es stand für den guten Kompass, der die Verteidigungsgemeinschaft auf dem rechten Weg des Friedens halten sollte. Der Nato-Generalsekretär Lord Hastings Ismay nannte das Emblem einst „simple and inoffensive", also „einfach und harmlos".

Die Quellen der Inspiration für den ostdeutschen Gestalter sind unverkennbar. Beim Bildzeichen spielte Günzerodt mit den Formelementen und verschob den Kompass ein wenig aus dem Zentrum. Im historischen Kontext des Kalten Krieges könnte man das neue Logo für die Schokolade aus Saalfeld als subtilen Ausdruck von Subversion betrachten. Doch möglicherweise ist die gestalterische Lösung nur ein Beleg dafür, dass Grafiker als aufmerksame Zeitgenossen alles aufnehmen, was ohnehin in der Luft liegt.

Wer in den 1950er- und 1960er-Jahren die Einschlagpapiere und Pralinenpackungen gestaltete ist nicht bekannt. Vieles spricht dafür, dass man die Entwürfe den Mitarbeitern im Hause überließ. Zugleich zwangen die begrenzten Mittel – Papier, Karton und Druckfarben waren kontingentiert –, zu einer Reduktion insbesondere bei den Tafeleinschlägen.

Buntheit und Humor kamen erst in den späten 1970er-Jahren in die sozialistische Warenwelt. Sie sollte fröhlicher werden. Das galt besonders für Produkte für Kinder. Die Absatzleiter der volkseigenen Betriebe der Lebensmittelindustrie gingen in der Phase der Honecker'schen Konsumpolitik gezielt auf die Suche nach jungen Talenten in den Kunsthochschulen, um die Verpackung ihre Erzeugnisse aufzufrischen und zu verjüngen. So gestaltete der Grafiker und Buchillustrator Ulrich Forchner (Jg. 1949), der zwischen 1970 und 1975 an der Hochschule für Grafik und Buchkunst in Leipzig studiert hatte, ab 1978 die Einschläge für die „Bambina" des

Betriebsarchiv Saalfeld

Bambina. Tafeleinschlag, 1980er-Jahre. Design: Forchner.

VEB tsw, die „Creck" und „Sonni-Schleck" des Berliner VEB Elfe sowie die Packungen für „Eierteigwaren" im VEB Moewe. Forchners Schokoladenpapiere folgten einer ganz neuen Ästhetik, die ihre Vorbilder aus dem Comic bezog. Der hatte auch in der DDR eine wachsende Fan-Gemeinde. Selbstbewusst signierte der Grafiker, der sich auch als bildender Künstler, Karikaturist, und Mail Art-Künstler betätigte, seine Einschlagpapiere mit „Design: Forchner".

VEB Thüringer Schokoladenwerke Saalfeld/Saale
Betrieb der sozialistischen Arbeit

EL 176 41 25 0 · HSL 14 41 25 0 · TGL 25316

580 kcal/100 g · 9 % Eiweiß · 37 % Fett · 49 % Kohlenhydrate

Inhalt 100 g   M 3,85

Design Forchner

Betriebsarchiv Saalfeld

Tafeleinschlag für Rotstern Meisterklasse Vollmilch, 1980er-Jahre. Design: Forchner.

Auch Gestalter der älteren Generation waren am Facelifting der Thüringer Schokolade beteiligt. Zu ihnen zählte der prominente Karikaturist und Comiczeichner Horst Alisch (1925–2020), der vor dem Zweiten Weltkrieg an der Kunstschule der Deutschen Zeichentrickfilm GmbH, einer Tochter der UfA, das Handwerk des Trickfilmzeichners erlernt hatte, zwischen 1954 und 1984 als politischer Zeichner für die BZ am Abend tätig war, seit 1968 für das Kindermagazin „Frösi" die Comicserie „Ali und Archibald" zeichnete und den Elefanten „Emmy" als Werbefigur für das DDR-Recyclingsystem SERO entwickelte. Für die „Kinderschokolade" des Thüringer Schokoladenwerks gestaltete Alisch ab 1984 das Einschlagpapier und diverse Comicstrips, die als Sammelbilder unter dem Titel „Tobi's süße Abenteuer" auf der Innenseite der Tafeleinschläge zu finden waren. Ein wenig Belehrung zum Thema Schokolade wurde

VEB THURINGER SCHOKOLADENWERKE
SAALFELD/SAALE

Betrieb der sozialistischen Arbeit

KJ/100 g 2370

Eiweiß 11 %   Fett 36 %   Kohlenhydrate 48 %
HSL Nr. 1441 132   TGL 25 316   ELN 176 41 132

Inhalt 100 g ± 3g   Preis M 2,90

Betriebsarchiv Saalfeld

Kinderschokolade, Tafeleinschlag, 1985er-Jahre.
Design: Horst Alisch.

auch gegeben. Denn Spaß allein durfte nicht sein. Die Tafel Kinderschokolade kostete den stolzen Betrag von 2,90 Mark, während die „Schlagersüßtafel" bereits für 80 Pfennige zu haben war.

Sammelbilder waren auch in der DDR ein Hit, vor allem wenn es um Fußball ging. Jürgen Günther (1938–2015) entwarf für die „Kinderschokolade" Fußballszenen und Comicstrips. In Quartett-Karten-Manier wurden die Vereinswappen und die bisherigen Erfolge aufgezählt.

Seine berufliche Karriere hatte Günther 1958 beim Dresdener Trickfilmstudio begonnen. Ab 1960 war er ebenfalls bei der Pionierzeitschrift „FRÖSI" mit der Adaption literarischer Stoffe in Comicform beschäftigt. Zu seinem Markenzeichen wurden die beiden Figuren Otto und Alwin – ein grüner Affe und ein Pinguin, die 1974 das Licht der Welt erblickten.

Bei der Namensgebung „Bambina" und „Kinderschokolade" imitierte der VEB tsw populäre Erzeugnisse der westdeutschen Süßwarenindustrie, die sich an Kinder als Zielgruppe richteten: Die Bahlsen Keksfabrik in Hannover hatte seit 1966 Löffelbiskuits mit dem Namen „Bambini" im Sortiment. Und die beliebte „Kinderschokolade" mit extra hohem Milchanteil, die von Ferrero in Italien und Deutschland produziert wurde, kam 1967 in den Handel.

Produkte, Zutaten und Gewinn

Besonders im vorweihnachtlichen Saisongeschäft war die Anmutung von Vielfalt und reicher Auswahl von großer Bedeutung. Der Jahresprospekt für den Handel präsentierte 1970 die Erzeugnisse des volkseigenen Betriebs mit Herz in Rot und Russischgrün. Und der Weihnachtsmann, der seinen Schlitten mit den Geschenken durch einen verschneiten Winterwald zog, hatte dank seines Spitzbarts eine gewisse Familienähnlichkeit mit dem Sandmännchen aus dem Fernsehen – dem Sympathieträger aller Ostdeutschen.

Sächs. StAA Leipzig, Ing.büro für Rationalisierung der Süß- und Dauerbackwarenindustrie, 22290, Nr. 34.

Angebotskatalog des VEB tsw, IV. Quartal 1970.

Das Sortiment umfasste neben den Saisonartikeln für Weihnachten, darunter die Präsentmischung „Chamois" mit Weihnachtsbanderole, ein stolzes Angebot an Schokoladen, Weinbrandbohnen, Pralinen und Mischungen, die meisten davon mit diversen Kremfüllungen, Persipan, Kokos und aromatisierten Geleemassen. Doch der Kakaoanteil in den Überzügen lag nicht selten bei nur 30 Prozent. Hinzu kamen bei den Zuckerwaren eine Gelee-Mischung, die „Schlager Süßtafel" mit und ohne Weihnachtseinschlagpapier und die Mokka-Sahne-Nuss Süßtafel, Ferner wurde stark entöltes Kakaopulver, „Trunk-Fix" für ein Kakao-Mischgetränk und gezuckerter Haferkakao angeboten. Die Tafeln trugen solide Namen wie die Produktserien „Meisterklasse", „Thüringer Vollmilchschokolade" oder „Delikat". Der Schokoriegel hieß „Pilot", die Schokoladen für Kinder „Bambina" und „Butzemann" von Berggold. Pralinenmischungen hatten klingendere Namen: „Blumengruß", „Revue", „Selekta" und „Rendezvous", „Alte Liebe", „Das Richtige", „Walzertraum". Mit den „Rote-Rosen-Adria-Pralinen" konnten die Kunden von Italien träumen. Von unfreiwilliger Komik aber war die Geschenkpackung „Feucht und Köstlich".

Das Angebot konnte indes nicht darüber hinwegtäuschen, dass die Verfügbarkeit und die Qualität der Zutaten für die Schokoladenindustrie der DDR eine beständige Herausforderung darstellten. Weil Kakaobutter immer wieder knapp war oder ganz fehlte, wurde für die „Mauxion – Vitalade" und später auch für die „Rotstern – Vitalade" als Ersatzstoff gehärtetes Pflanzenfett verwendet. Als wegen Devisenmangels 1972 Kakao Mangelware war, wurde die Herstellung angewiesen, den Kakaoanteil deutlich zu reduzieren. Die „Schokoladen", welche diese Bezeichnung nicht verdienten, hießen „Venus", „Saturn" und „Mars". Sie nahmen die verbreitete Begeisterung für die Raumfahrt auf und können als Reminiszenz an die erste sowjetische Raumstation „Saljut 1" gelten, die am 19. April 1971 ins All startete. Für den Konsumenten stellten sie wohl eine Begegnung der dritten Art dar. In einem Brief an die Betriebsleitung hieß es, „[...] dieses Produkt ist so weit von Schokolade entfernt, wie diese Planeten von der Erde". Der Volksmund nannte sie „Mondstaubserie". Es war wie mit dem „Fegezucker", von dem man auch nie wusste, „aus welchen Ecken das Zeug wieder zusammengekratzt worden war".

Die „Schlager Süßtafel" des VEB Rotstern durfte wegen ihrer Rezeptur überhaupt nicht Schokolade genannt werden. Das Schokoladenersatzprodukt mit dem Namen Süßtafel, das ab 1970 produziert wurde, bestand aus Fett, Zucker, Molke, Erdnüssen und immerhin sieben Prozent Kakao, dem vorgeschriebenen Mindestgehalt. Wegen ihrer krümeligen Konsistenz kam das Gerücht auf, es werde auch Stierblut verarbeitet.

Die „Schlager Süßtafel" eroberte trotzdem die Herzen der Verbraucher. Zu den besonderen Lieblingen zählten auch „Selekta halbflüssig" – mit Alkohol gefüllte Hohlkörperpralinen in Zartbitterschokolade – und das Pralinensortiment „Thüringer Spezialitäten" mit den beliebten Nougattütchen. 1982 wurde eine Lockerung der Herstellungsstandards genehmigt, auf die sich die ostdeutsche Schokoladenindustrie noch in den 1970er-Jahren verständigt hatte. Im vierten Jahrzehnt der DDR ging es vermehrt um die Einsparung von Rohstoffen bei gleichzeitiger Produktionssteigerung. Die Versorgungsschwierigkeiten erreichten einen neuen Tiefpunkt. Besonders in Zeiten erhöhter Nachfrage nach Saisonartikeln wurde die Geduld der langmütigsten Sozialisten und Sozialistinnen auf eine harte Probe gestellt. In manchen Jahren konnte der Bedarf an Pralinen zum Internationalen Frauentag am 8. März nur zu zwanzig Prozent gedeckt werden. Dresdener Weihnachtsstollen – ein Exportartikel – wurden in heimischen Geschäften zum Fest stets knapp. Und es konnte passieren, dass die Bürgermeister von der zuständigen Versorgungskommission aufgerufen wurden, die Anzahl der Kinder in ihrer Gemeinde zu ermitteln, damit man wenigstens an sie „Weihnachts-Hohlkörper", also Weihnachtsmänner, verteilen konnte. Die Konsumenten arrangierten sich mit dem, was verfügbar war und hofften auf die Großzügigkeit der Westverwandtschaft und auf das Warenangebot des „Deli" und des Intershops.

Der Versuch, mit dem Geschmack und dem Duft des Westens gleichzuziehen, den wenige ältere Zeitgenossen aus den amerikanischen Care-Paketen der Nachkriegszeit und viele DDR-Bürger aus den Westpaketen kannten und an den sie in der Produktwerbung in Rundfunk und Fernsehen beständig erinnert wurden, war für die Nahrungs- und Genussmittelindustrie ein frustrierendes und beinahe aussichtsloses Unterfangen.

Die Hersteller waren ausgesprochen erfinderisch, wenn es darum ging, Zutaten, die gar nicht oder nicht in ausreichenden Mengen vorhanden waren, durch andere auszutauschen. Das Zauberwort lautete „Substitution". Die „Edelrohstoffe" Kaffee, Kakao,

PERSIPAN
gefüllte Schokolade

Rotstern

PERSIPAN
gefüllte Schokolade

VEB THÜRINGER SCHOKOLADENWERKE
- BETRIEB DER SOZIALISTISCHEN ARBEIT -
SAALFELD / SAALE
Deutsche Demokratische Republik

Bestell-Nr. 146 416
Schlüssel-Nr. E u. L 176 44 100
TGL
6272

Inhalt 100 g   Preis M 1.90

PERSIPAN
gefüllte Schokolade

Betriebsarchiv Saalfeld

Tafeleinschlag vor 1970.

Mandeln und Zitrusfrüchte waren nur gegen harte Valuta zu importieren. So schlug einmal mehr die große Stunde der Lebensmittelchemie. Im „VEB Forschung und Rationalisierung der Süß- und Dauerbackwarenindustrie" in Leipzig entwickelte der Chemiker Klaus Valdeig aus Erbsen, Zucker und Aromen eine Backwarenfüllmasse, die als Marzipanersatz durchgehen konnte. Aus entbitterten Aprikosenkernen und Zucker wurde Persipan hergestellt. Der Marzipanersatz aus Pfirsich- oder Aprikosenkernen, versetzt mit Sojabohnen, Lupinen oder Kichererbsen, war in der westdeutschen Süß- und Backwarenindustrie ebenfalls bekannt. Doch auch Aprikosenkerne stellten im Osten ein Beschaffungsproblem dar. Weitere Versuche wurden auf der Basis von Mais- und Kartoffelgries unternommen. Künstliche Aromen sorgten für den Geschmack. Die Zutatenliste gefüllter Schokoladen und Pralinen, die so ähnlich wie Marzipan schmeckten, blieb dabei stets vage und gab nur Eiweiß-, Fett- und Kohlenhydratwerte an.

Im „Zentralinstitut für Ernährung" in Potsdam-Rehbrücke fabrizierte man eine vollsynthetische fettarme Mayonnaise, die hervorragend als Füllmasse für Schokokugeln taugte. Aus Kakaoschalen wollten die preußischen Erfinder Kakaoaroma gewinnen. Die Suche nach dem Stoff, aus dem die Schokolade ist, beflügelte auch andere Chemiker. Kakaoähnliche Produkte entstanden in den 1980er-Jahren aus roten Rüben und aus erhitzten Getreidekeimen und Zucker. Die Versuche erlangten Patentreife, aber der Qualität der Schokolade waren sie nicht gerade förderlich. Den Herstellern nützten sie auch auf andere Weise. Denn Ersatzstoffe erhöhten den Gewinn. So wies die Bilanz des VEB tsw vom 23. Juni 1982 für das Geschäftsjahr 1981 unter der Rubrik „Nachweis der nicht auf eigenen ökonomischen Leistungen beruhenden Gewinne" ein Plus von knapp 270.000 Mark aus für den „Nichteinsatz von Arriba Kakaobohnen bei Tafelschokoladen (bitter)". Der Austausch von Vanillin durch das synthetische Aroma Äthylvanillin bei der „Cremera", die am Betriebsstandort Erfurt hergestellt wurde, brachte knapp 150.000 Mark Gewinn ein. Zusammen mit der Differenz aus den Industrieabgabepreisen und dem tatsächlichen Nettogewinn der Jahresproduktion kamen noch einmal gut 90.000 Mark hinzu, so dass der „schöpferisch" erwirtschaftete Gewinn immerhin knapp 510.000 Mark betrug. In der planwirtschaftlichen Bilanzbuchhaltung zählten auch die Buchwerte. Denn in der Bedarfsplanung der volkseigenen Betriebe und Kombinate bildeten (fiktive) Gewinne die Grundlage für die Zuteilung von Investitionsmitteln, die als Kredite ausgewiesen wurden, aber ebenfalls nur Buchwerte darstellten.

Im Schaufenster der DDR

Nach 1949 verstand sich die Leipziger Messe, der einzige Messestandort der DDR, als Leistungsschau und Bühne der Selbstdarstellung, bald aber als Drehscheibe des Ost-/Westhandels, als Forum für Kontakte zwischen Politik und Wirtschaft und als Schaufenster für die Erzeugnisse aus der DDR. Für den Handel zwischen den sozialistischen Ländern, der über langfristige Handelsabkommen und Absatzgarantien abgewickelt wurde, war die Leipziger Messe ohne Belang. Bedeutung hatte sie allein für den Handel mit dem westlichen Ausland und mit Ländern der „Dritten Welt". Der Außenhandel folgte bei chronischem Devisenmangel aber den besonderen Bedingungen des Kompensations- und Tauschhandels. Dabei spiegelte die Messe in den Zahlen der Aussteller ein bezeichnendes Ungleichgewicht. Während 76 Prozent der Ausstellungsfläche auf DDR-Betriebe und 14 Prozent auf das sozialistische Ausland entfielen, konnten nur 4,9 Prozent von Unternehmen aus der Bundesrepublik und 5,1 Prozent aus dem westlichen Ausland „bespielt" werden (1955).

Seit 1959 nahmen die DDR-Betriebe der Konsumgüterindustrie den Wettlauf mit dem Westen auf. Nach Ulbrichts bekanntem Diktum wollte man die Bundesrepublik bis 1961 im Pro-Kopf-Verbrauch aller wichtigen Lebensmittel und Konsumgüter einholen und sogar überholen. Zugleich unternahm die DDR große Anstrengungen um Primärressourcen aus der „Dritten Welt": Die Einfuhr von Kakao, Kaffee und Südfrüchten sollten auch dazu beitragen, das sozialistische Lebensniveau zu heben.

Im Frühjahr 1951 stellte die Schokoladenfabrik aus Saalfeld ihre Erzeugnisse als einer der neuen volkseigenen Betriebe auf

Deutsche Fotothek df-roe_neg_0006067_025 Renate u. Roger Rössing
VEB Mauxion auf der Leipziger Messe, 1951.

Sächs. StAA Leipzig, Nachlass Friedrich Hentschel, 21793, Nr. 7.

Tafeleinschlagpapier. Schokolade zum Messejubiläum 1965.

der Leipziger Frühjahrsmesse aus. Als einziger Hersteller präsentierte sie „Trinkschokolade-Austausch". Für viele Unternehmen wurde die Leipziger Herbstmesse 1951 zum Startschuss in die neue Betriebsform „Volkseigener Betrieb".

Zum 800-jährigen Messejubiläum 1965 erschien der Ausstellerkatalog der Frühjahrsmesse in deutscher und russischer Sprache. Die Messe selbst erhielt ein neues Maskottchen, das der Puppengestalter Gerhard Behrendt entworfen hatte. Und viele Aussteller aus der DDR ließen es sich nicht nehmen, limitierte Sonderanfertigungen ihrer Erzeugnisse aufzulegen. Der VEB Rotstern wartete mit einem besonderen Tafeleinschlag für „sultana-nuss Vollmilchschokolade" auf. Wie in der Bundesrepublik die Lufthansa versorgte die Interflug ihre Passagiere mit Schokolade aus dem VEB tsw. Die alte Tradition aus den 1920er-Jahren wurde auch in der DDR fortgeführt.

In den 1980er-Jahren erreichten die Süßigkeiten aus Saalfeld trotz der Probleme in der Herstellung offenbar Qualitäten, die eine Messe-Auszeichnung rechtfertigten. Regelmäßig erlangten Schokoladen und Pralinen des VEB tsw die begehrte Goldmedaille, welche ab 1963 verliehen wurde. Die Verleihung der Auszeichnung erfolgte direkt am Stand. *(siehe Tabelle 4)*

Bordverpflegung der „Interflug", 31. Mai 1966. Gestalter unbekannt.

Messegoldmedaillen an VEB Thüringer Schokoladenwerke (tsw)

Messe	Produkt
Leipziger Herbstmesse 1981	Gelee-Bananen, schokoliert
Leipziger Frühjahrsmesse 1982	Nugattütchen
Leipziger Herbstmesse 1982	Pfirsich- und Aprikosen-Gelee, runde Exotik-Gelee-Stäbchen
Leipziger Frühjahrsmesse 1984	Pralinenmischung „Spitzenklasse"
Leipziger Herbstmesse 1984	Fondant-Gelee-Ostermischung
Leipziger Herbstmesse 1986	Pralinenmischung „Classic" 200 gr, 6 verschiedene Pralinenspezialitäten
Leipziger Frühjahrsmesse 1989	„Vergiss mein nicht"

Tabelle 4 | Quelle: Unternehmensarchiv der Leipziger Messe GmbH, Messegoldmedaillenkartei.

Gestattungsproduktion für den Westen

Die westdeutsche Marktwirtschaft hörte in vierzig Jahren DDR nie auf, ihr Gegenüber auf der anderen Seite der Grenze zu beobachten. Das betraf nicht nur die Industrien, die an der Spitze des technologischen Fortschritts oder der Militärtechnik standen. Es galt auch für die Hersteller von Genussmitteln. In der Kölner Zentrale der Stollwerck AG sammelte man in den 1970er und 1980er-Jahren Proben und Verpackungen der Ostschokolade und ihrer Zugpferde der Marke „Rotstern". Stollwerck tat, was das Unternehmen schon immer getan hatte. Bereits in den 1920er-Jahren hatte man die Konkurrenz und darunter auch „Mauxion" aufmerksam beäugt. Doch nun hatte das Interesse, das einer der Marktführer der Schokoladenindustrie im Westen an den Tag legte, einen besonderen Grund.

Die Kölner hielten Ausschau nach einem Standort im Osten Sie wollten in Saalfeld produzieren lassen. Sondierende erste Gespräche fanden auf der Leipziger Herbstmesse 1980 statt. Über die Zusammensetzung der Produkte beriet man im „Projekt E 11". Schließlich erhielt der VEB tsw den Auftrag für Belarom, Alpia-Vollmilch und später für Karina Schokolade in „Gestattungsproduktion". Die Marke Karina wurde im Westen bereits seit 1950 hergestellt und in den 1980er-Jahren in westdeutschen Discountern vertrieben.

Das Geschäftsmodell der „Gestattungsproduktion" besagte, dass westdeutsche Unternehmen Waren in der DDR herstellen durften. Der größere Teil der Produktion ging in die Bundesrepublik, ein kleinerer Teil blieb als Kontingent im Lande und ein Teil davon gelangte in den hochpreisigen Sonderhandel der Intershops, welche der Logik „Westprodukte gegen Devisen" folgten. Dies führte prompt zu den bekannten Preisverwerfungen: Dieselbe Tafel Schokolade, für die man im Intershop eine D-Mark bezahlte, kostete im „Delikat-Laden" sieben Mark der DDR. 1:7, das war der „Schwindelkurs" im Dienst des Sozialismus in Nöten.

Um die Kooperation mit Stollwerck voranzubringen, reiste am 18. Oktober 1983 eine hochkarätige DDR-Delegation nach Köln Porz. Es ging nicht nur um die Bereitstellung der Zutaten und um Fragen der Qualitätskontrolle, sondern auch um die Errichtung einer neuen Tafelanlage in Saalfeld – das „Projekt E 12". Involviert in dieses Projekt und seine Abwicklung waren auf DDR-Seite die „Forum GmbH", die bei der Organisation jeglicher Gestattungsproduktion eine führende Rolle spielte und die „ASIMEX Import-Export-Agentur", eine Firma des Ministeriums für Staatssicherheit, die seit 1980 dem Bereich Kommerzielle Koordinierung (Koko) von Alexander Schalck-Golodkowski unterstellt war. Neben den Intershops gehörte auch die Versorgung der DDR-Nomenklatura und der Devisen-Hotels in Berlin, Leipzig und Dresden zu ihren Aufgaben. Erst in zweiter Linie ging es um die Verbesserung der Versorgungslage in der keineswegs klassenlosen Klassengesellschaft. Im Vordergrund standen die Einnahme harter Devisen und der Zugang zu westlicher Fertigungstechnik. Doch das Prestigeprojekt hatte Anlaufschwierigkeiten, die ein bezeichnendes Licht auf die Planökonomie werfen. Um 1984 mit dem großen Auftrag für Tafelschokolade im Rahmen der „Gestattungsproduktion" beginnen zu können, benötigte der Saalfelder Betrieb dringend neun Sudmaischen vom Typ SDM 32. Sudmaischen wurden üblicherweise in der Zuckerindustrie eingesetzt zum Auskristallisieren von Zucker. Im Saalfelder Betrieb sollten sie als Behälter zur Lagerung von Schokoladenmassen zur kontinuierlichen Weiterverarbeitung zum Einsatz kommen. Sie waren bereits 1982 beantragt worden. Doch die Lieferung ließ auf sich warten. Die wachsende Beunruhigung der Saalfelder Betriebsleitung traf auf die Unzulänglichkeiten der Planwirtschaft mit ihrer undurchsichtigen Prioritätensetzung und eigenwilligen Bilanzierung. Liefertermine für Maschinen oder Ersatzteile waren in der DDR-Ökonomie bekanntlich ein neuralgischer Punkt. Doch in diesem Fall hing viel davon ab. Bei diesem Joint Venture ging es auf westdeutscher Seite immerhin um eine Großinvestition von 24 Millionen Mark für „NSW-Import-Ausrüstungen", also für Technik aus dem nichtsozialistischen Wirtschaftsgebiet, während der bescheidene „inlandsseitige Lieferanteil" sich auf die Sudmaischen beschränkte. Darüber hinaus hätte das Thüringer Schokoladenwerk schon im Oktober 1983 mit der Montage der Westtechnik beginnen können.

In seiner Not wandte sich der Generaldirektor des Süßwarenkombinats Delitzsch, Bretschneider, persönlich an den Minister für bezirksgeleitete Industrie und Lebensmittelindustrie (MBL), Udo-Dieter Wange. Ohne die Sudmaischen aus DDR-Produktion konnte die Anlage nicht in Betrieb genommen werden. Unmissverständlich machte der Süßwarenspezialist dem Minister die politischen und wirtschaftlichen Folgen eines Scheiterns des Vorhabens deutlich. Offensichtlich sprach der „werte Genosse Dr. Wange" ein Machtwort zugunsten der deutsch-deutschen Schokoladenproduktion. Denn die Sudmaischen trafen rechtzeitig in Saalfeld ein. Und die Gestattungsproduktion konnte noch 1984 beginnen.

Die Gestattungsproduktion erklärt aber wohl nur zum Teil, warum das Thüringer Schokoladenwerk 1989 mit hochmodernen Frisse Conchen der Firma Bühler aus dem Schweizer Uzwil ausgestattet wurde und so die Qualität der eigenen DDR-Erzeugnisse was Feinheit und Schmelz anlangte, deutlich verbessern konnte. Es handelte sich im letzten Jahr der DDR vielmehr um eine planwirtschaftliche Grundsatzentscheidung. Der Betrieb wurde auf den Stand der Technik gebracht, um ihn zum Flaggschiff der ostdeutschen Schokoladenindustrie zu machen. Die Valuta-Mittel für die Investition stellte die KoKo bereit. Besonders stolz waren die Schokoladenwerker im letzten Jahr der DDR auf ihre Zartbitterschokolade. Ansonsten blieben die Produkte selbst vom Mittelfeld westdeutscher Konsummarken deutlich entfernt.

Der VEB tsw nach 1989

Im Frühjahr 1989 vergab die Universalmesse alten Typs in Leipzig ein letztes Mal die Goldmedaille für ein Produkt des VEB tsw. Ausgezeichnet wurde die Pralinenmischung „Vergiss mein nicht". Doch bald interessierte sich niemand mehr für das Sortiment „feinster Schichtpralinen" aus Saalfeld. Als ein halbes Jahr später am 9. November 1989 die Mauer fiel, wollte keiner mehr DDR-Schokolade essen. Allein der Geschmack des Westens versprach die Freiheit. Den VEB tsw erreichten Briefe, in denen wütende Zeitgenossen sich die Frustration von Jahrzehnten von der Seele schrieben: „Wir waren vierzig Jahre eingesperrt, wir mussten vierzig Jahre das essen, was uns vorgesetzt wurde. Jetzt will ich selber wählen können und ihr und eure Schokolade seid das nicht." Es ging nicht nur um freie Wahlen und Reisefreiheit, sondern auch um die freie Auswahl der Produkte. Bei Genüssen, die keine waren, und beim kleinen Luxus, auf den der einfache DDR-Bürger lange verzichten musste, hörte der Langmut in der friedlichen Revolution auf. Nüchtern und zeitlos befindet das Schweizer Unternehmen Bühler, ein Experte für Verfahrenstechnologie in der Nahrungs- und Genussmittelindustrie, auf seiner Homepage: „Schokolade hat einen positiven Einfluss auf unsere Stimmung, aber nur, wenn sie unseren Erwartungen entspricht." Die Stimmung war im Wendejahr 1989/90 gekippt.

Kooperation nach dem Plan

Noch bevor von der Regierung Hans Modrow (SED) am 1. März 1990 die Gründung einer Treuhandanstalt beschlossen wurde, mit dem Ziel, das Volkseigentum zu verwalten und die volkseigenen Betriebe zügig zu privatisieren, stand der

Rotstern-Betrieb des VEB tsw in Saalfeld bereits in Verhandlungen mit der westdeutschen Schokoladenfabrik Alfred Ritter GmbH & Co KG. Ritter war ein Familienunternehmen in dritter Generation (gegründet 1912) aus dem schwäbischen Waldenbuch und eine bestens eingeführte, bekannte westdeutsche Marke mit einem einprägsamen Werbeslogan „quadratisch, praktisch, gut" und dem charakteristischen quadratischen Format ihrer Tafelschokoladen.

Für die Schwaben ging es um die frühzeitige Organisation des Vertriebs ihrer Schokolade in der DDR über die Vertriebsstrukturen des Monopolisten VEB tsw, der hierzu die erforderlichen Lizenzen einholen sollte. Im Gegenzug sollte der DDR-Betrieb Schokoladenmasse nach Waldenbuch liefern. Für Saalfeld bot die Kooperation mit Ritter darüber hinaus die Chance, die eigene Produktlinie zu profilieren und eine neue konsistente Markenstrategie zu entwickeln. Die Thüringer versprachen sich davon eine bessere Position in Westdeutschland und Europa, hofften auf eine Markterschließung in den sozialistischen Bruderländern und hofften, den Bestand des Schokoladenwerks so zu sichern. Bereits am 7. März 1990 schloss man den west-östlichen Kooperationsvertrag, der in Saalfeld Hoffnungen weckte und von dem sich auch Ritter einen großen Nutzen versprach.

Der Vertrieb von Ritter-Schokolade in der DDR lief flächendeckend und schnell an. Die Nachfrage war überwältigend und brachte die Produktionsbetriebe in Waldenbuch zeitweise an ihre Grenzen. Die Schokoladenmasse aus Saalfeld wurde dringend gebraucht. Probleme bereitete jedoch das gemeinsame Projekt der neuen Marke. Sie sollte „Thürina" heißen.

„Rezeptur und Qualität in Zusammenarbeit mit Ritter Sport" war auf dem Einschlagpapier der „Thürina Chocolade" zu lesen. Die Thüringer produzierten nach neuen Rezepturen von Ritter und nach westdeutschen Qualitätsstandards sechs Sorten ohne künstliche Zusätze Alpenmilch, Vollmilch-Nuss, Zartbitter, Weiße, Weiße Crisp und Trauben-Nuss in Alpenmilch in Saalfeld/DDR. Dank moderner Herstellungstech-

Betriebsarchiv Saalfeld

„Thürina Chocolade Alpenmilch". Tafeleinschlag-
papier, 1990. Gestalter unbekannt. Thüringer
Schokoladenwerke, Saalfeld und Ritter Sport. Ritter,
Waldenbuch.

nik konnte man mit der Produktion sofort beginnen. Die optimistischen Erwartungen in eine „Markenschokolade von europäischer Klasse" waren riesig.

„Thürina" war das erste gesamtdeutsche Schokoladenprojekt. Ob die Idee zum Namen tief im Südwesten der Republik entstanden oder gemeinsam mit den Saalfeldern entwickelt worden war, ist nicht mehr zu rekonstruieren. Die Umsetzung übernahm die Werbeagentur Simon & Dongowski aus Stuttgart. Bereits am 4. Mai 1990 wurde „Thürina" als Wort-Bildmarke" und Individualmarke vom „Thürina Thüringer Schokoladenwerk, Saalfeld/DDR" angemeldet. Alle Beteiligten, der westdeutsche Partner, die westdeutsche Werbeagentur und die Saalfelder Betriebsleitung glaubten an den Erfolg – und erlebten eine Überraschung.

Die Namensgebung war programmatisch, und sie war ein Missverständnis. Für die Konsumenten kam „Thürina Chocolade" zur Unzeit in die Verkaufsregale. Die Rückbesinnung auf Produkte aus der Region und aus der DDR setzte erst Jahre später ein. Im Wendejahr 1990 dürften viele DDR-Bürger den Markennamen „Thürina" eher als Ausdruck von Biederkeit und als Fortsetzung der alten Thuringia-Produktlinie bei

Tafelschokolade empfunden haben, die noch aus VEB-Zeiten stammte. Der Statusbericht der Schokoladenwerke für die Monate Juli bis Oktober 1990 fiel vernichtend aus. Zwar wurde die Zusammenarbeit mit Ritter sehr positiv bewertet. Doch war mit der Währungsunion und der schnellen Öffnung des Marktes die Notwendigkeit besonderer Verkaufslizenzen für Ritter in der DDR obsolet geworden. Der westdeutsche Handel hatte den Vertrieb übernommen und lieferte von den bekannten westdeutschen Marken bis zu namenloser Billigware alles in die DDR. Vor allem aber wollten die Ostdeutschen von Schokolade aus der Heimat, die auch noch so hieß, einstweilen nichts wissen. Auch für Nahrungs- und Genussmittel galt vorerst der Slogan einer westdeutschen Zigarettenmarke: „Test the West!" Der Absatz des gesamten Sortiments brach ein.

Das Umsatzvolumen der „Thürina" schmolz von 654 Tonnen Tafelschokolade (Juli 1990) auf acht Tonnen (Oktober 1990) zusammen. Die Pralinenproduktion war nur noch zu zehn Prozent ausgelastet. Der Umsatz blieb weit unter den Erwartungen. Von 720 Mitarbeitern wurden 60 entlassen. Von den verbliebenen 660 Beschäftigten gingen 293 in Kurzarbeit, davon 153 auf Nullstunden-Kurzarbeit. Die Herstellung wurde stillgelegt. Eine Lizenzproduktion von Ritter Sport-Produkten kam nicht in Frage, weil das Unternehmen über ausreichend Produktionskapazität verfügte. Nur die Herstellung von Schokoladenmasse lief für Ritter Schokolade weiter. Die fehlende Nachfrage setzte eine Abwärtsspirale in Gang. Sie führte zu Überbeständen bei der Tafelware und beim Verpackungsmaterial. Die Liquidität brach ein von 17,2 Millionen auf 2,5 Millionen D-Mark. Die Zahlen waren tiefrot und der Ausblick in die Zukunft tiefschwarz. Das Unternehmen setzte alles daran, durch kurzfristige Lohnaufträge die Auslastung zu erhöhen, die Kostendeckung zu verbessern und damit die Liquidität zu erhalten. Weitere Entlassungen schienen unabwendbar. Nach wenigen Monaten gab die Schokoladenfabrik Alfred Ritter auf. Einvernehmlich beendeten die Partner am 2. Oktober

1990, den Kooperationsvertrag. Eine Übernahme des Thüringer Schokoladenwerkes hatte Ritter stets abgelehnt. Die strategische Kooperation zwischen Ritter Schokolade und dem Thüringer Schokoladenwerk scheiterte, weil das „Ost-/Westprodukt" punktgenau in die heiße Phase der „D-Mark-Narkose" der Währungsunion geriet und keine Chance hatten, in der DDR angenommen zu werden.

Der dramatische Absatzeinbruch der Schokoladenfabrik bildete keine Ausnahme. Nahezu ein Viertel der DDR-Betriebe mussten im Juli 1990 einen Rückgang der Produktivität von 20 Prozent hinnehmen. Über 90 Prozent der Unternehmen waren in akuter Zahlungsnot. In den ersten Monaten ihres Bestehens ab Juli 1990 reichte die neue Treuhandanstalt Liquiditätskredite aus, um so viele Betriebe wie möglich über den Schock der Währungsunion hinweg zu erhalten.

Parallel dazu begann der Leitungsausschuss der neu gegründeten Treuhand ab Juli 1990 mit der Evaluierung, um herauszufinden, welche Betriebe veräußert werden konnten oder sanierungsfähig waren. Bis zum 13. September 1990 wurden etwa 7.000 von insgesamt 8.500 volkseigenen Betrieben in Kapitalgesellschaften überführt. Ihr Verkauf ließ sich jedoch schleppend an. Bis zum 1. März 1991 konnten nur 1.261 Betriebe veräußert werden.

Zu denen, die im Herbst 1990 um ihr Überleben kämpften, gehörte auch die Thüringer Schokoladenwerk GmbH. Die Privatisierung des VEB in eine GmbH war bereits zum 1. Juni 1990, also noch vor der Währungsunion, erfolgt. Beurkundet und rückdatiert wurde sie am 26. September 1990. Liquiditätskredite beantragte die Schokoladenfabrik nach dem Scheitern der Kooperation mit Ritter keine. Auch nahm sie keine anderen Finanzhilfen der Treuhandanstalt in Anspruch. Vielmehr gelang es ihr, sich mit Schokoladenmasse in Lohnproduktion aus eigener Kraft über die schwierigste Phase zu retten.

Die Achse Köln – Saalfeld

Im Oktober 1990 wurde Hans Imhoff bei der Treuhandanstalt in Berlin vorstellig, um den ehedem größten Hersteller von Schokolade in der DDR zu übernehmen. Ob für den westdeutschen Unternehmer die Geschäftsbeziehungen in den 1980er-Jahren oder die patriotische Herausforderung, in fortgeschrittenem Alter einen Beitrag zur deutschen Einheit zu leisten, den Ausschlag gaben, ist nicht bekannt. Sentimentalitäten waren sicher fehl am Platz, denn die notwendigen Finanzmittel für die Sanierung des Betriebsgeländes, für die Erneuerung der Energieversorgung nach westdeutschen Umweltstandards und für die Entkernung der Betriebe und die Modernisierung von Teilen der Fertigungstechnik waren beträchtlich. Doch aus eigener Betriebskenntnis wusste er, dass der technische Stand der Produktionsmittel zum Teil hochmodern war. Das Thüringer Schokoladenwerk entsprach ganz und gar nicht dem üblichen Bild eines völlig „heruntergewirtschafteten" DDR-Betriebs.

Unmittelbar nach dem Feiertag zur Deutschen Einheit bat der Unternehmer am 4. Oktober 1990 den Präsidenten des Verwaltungsrates der Treuhand, Jens Odewald in Berlin um Unterstützung. Er sah sich mit Kennzahlen zum Betrieb unterversorgt und beklagte sich über die mangelnde Kommunikationsbereitschaft des Geschäftsführers der Thürina GmbH, Harald Stäfe. Die Saalfelder dürften skeptisch gewesen sein, dass die Schokoladenfabrik ausgerecht an Stollwerck, den uralten Konkurrenten aus den Zeiten Ernst Hüthers und den überlegenen westdeutschen Partner der „Gestattungsproduktion" aus den 1980er-Jahren verkauft werden sollte. Nun handelte es sich nicht um eine strategische Kooperation, sondern um eine Übernahme.

Aus Sicht der Treuhand gab es Vorbedingungen für den Kauf der Schokoladenfabrik durch Stollwerck. Dazu zählten die formelle Beendigung des Kooperationsvertrags zwischen Thürina und Ritter, eine Erklärung Stollwercks zur langfristigen vertraglichen Bindung, eine Abstimmung über den zukünftigen Arbeitskräftebedarf in Übereinstimmung mit der Konzernstruktur und dem Produktionsprofil der Stollwerck AG und schließlich eine Vereinbarung über das Produktionsvolumen, den angestrebten Jahresumsatz und den Umfang der Neuinvestitionen. Zu diesem Zeitpunkt ging man von einer vorläufigen Bilanzsumme von 73,853 Millionen D-Mark nach der D-Mark-Eröffnungsbilanz vom 1.7.1990 aus. Davon waren etwa 67 Millionen D-Mark Verbindlichkeiten. Später wurde die Bilanzsumme auf 85,671 Millionen D-Mark nach oben korrigiert. Ob es sich bei den Verbindlichkeiten um echte Zahlungsverpflichtungen gegenüber Dritten oder um fiktive Schulden aus DDR-Zeiten handelte, die sich nach der Währungsunion von Buchwerten in echte Kredite verwandelten und mit der Anpassung der Zinsen auf Westniveau schnell anstiegen, ist im Falle des Thüringer Schokoladenwerks nicht recht deutlich. Dafür, dass es sich zum Teil jedenfalls um echte Kredite handelte, sprechen die technischen Modernisierungen im Schokoladenwerk aus der Spätzeit der DDR, die aus dem Westen kamen und mit Valuta-Mitteln der KoKo finanziert worden waren.

Bis zum 25. Oktober 1990 wurde der Betrieb von Stollwerck mehrfach in Augenschein genommen. Auch Hans Imhoff selbst kam nach Saalfeld. In den Verhandlungen mit der Treuhand betonte der potentielle Käufer den erheblichen Investitions- und Sanierungsbedarf und versuchte, den Preis zu drücken. Um eine vergleichbare Kostenstruktur wie im Westen zu etablieren und um die Energiekosten zu senken, die doppelt so hoch waren wie in den anderen Stollwerck-Betrieben, war als Ersatz für das Hauptgebäude aus den 1920er-Jahren ein Neubau erforderlich. Man ging von einem hohen Finanzierungsbedarf für die Umstellung der Energieversorgung auf Erdgas und für die Anlage eines zentralen Abwassersystems aus. Stollwerck verlangte die völlige Freistellung von möglichen Umweltschäden, deren Gesamtkosten man auf gut 29 Millionen D-Mark schätzte. Für die Realisierung einer modernen Fabrik veranschlagten die Kölner drei Jahre. Dazu rechnete man mit einer ebenso langen Phase für die Umstrukturierung des Sortiments bis zur Marktreife. Das hätte für Saalfeld eine Vorlaufzeit von etwa sechs Jahren bedeutet.

Der Fall der Schokoladenwerke Saalfeld wurde Karl Schirner vorgelegt, der Anfang August 1990 gerade Mitglied des Vorstands der Treuhandanstalt, zuständig für den Bereich Privatisierung, geworden war. Seine entscheidungsreife Vorlage für den Verkauf lag bereits im Herbst 1990 vor. Im Exposé listete Schirner für eine Jahresproduktion von etwa 20.000 Tonnen folgende Produktionslinien auf:
- Tafelschokoladen 12.000 t
- Pralinen 1.000 t
- Mogulware 700 t
- Katzenzungen 1.000 t
- Gefüllte Tafeln 2.000 t
- Schokoladenmasse 5.000 t

Die Zahl der Beschäftigten betrug 600 (1. Oktober 1990). Ende des Jahres 1989 waren es noch 875 Mitarbeiter gewesen. Die Prognose der Beschäftigtenzahlen lauteten 549 Mitarbeiter (31. Dezember 1990) und 410 Mitarbeiter (Ende 1991). Das Unternehmen war tarifgebunden. Sozialpläne waren bereits vereinbart. Der Vorjahresumsatz (1989) des früheren VEB hatte 825 Millionen D-Mark betragen. Als möglichen Übernahmezeitpunkt des Erwerbs nannte Schirner den 30. November 1990. Das neue Unternehmenskonzept für die Schokoladenwerke sah ein Vollsortiment vor und strebte für 1991 einen Umsatz von 150 Millionen D-Mark an. Die Erneuerung und Ergänzung der Produktlinien sollte auf das Stollwerck-Sortiment bezogen werden. Der Investitionsaufwand hierfür wurde mit 10 Millionen D-Mark angesetzt. Die Investitionen für ein neues Werk bezifferte die Vorlage auf 35 Millionen D-Mark. Der Kaufpreis ergab sich für die Treuhand aus der testierten Eröffnungsbilanz vom 1. Juli 1990 und der Fortschreibung des Nettoeigenkapitals bis zum 30. November 1990. Er betrug demnach 6,1 Millionen D-Mark. Die bestehenden Verbindlichkeiten hatte Stollwerck zu übernehmen. Nicht betriebsnotwendige Grundstücke wurden ausgegliedert. Im Falle eines Weiterverkaufs durch Stollwerck in den folgenden fünf Jahren sollte eine Nachbewertung erfolgen. Dem Erwerber wurde die völlige Freistellung von Umweltlasten zugestanden. Die Treuhand übernahm eine Gewährleistung aber nur in Höhe der gebildeten Rückstellung für Altlasten. Eine möglicherweise notwendige Sanierung des Geländes und der Gebäude von Umweltschäden war ein besonderes Risiko. Auf der Basis dieser Vorlage wurde der Vorstand der Treuhandanstalt gebeten, am 29. November 1990 die Zustimmung zum Verkauf an Stollwerck zu erteilen.

Der Einspruch Jörg A. Hüthers

Am Tag der Privatisierung geriet von unerwarteter Seite Sand ins Getriebe des Verkaufs. Jörg A. Hüther, der Enkel Ernst Hüthers, wandte sich am 29. November 1990 an die Treuhandanstalt Berlin. Er hatte aus der Zeitung vom bevorstehenden Verkauf der Thüringer Schokoladenwerke, vormals Mauxion Schokoladenfabrik, an Stollwerck erfahren und meldete als Familienoberhaupt vorsorglich Protest gegen die seinerzeit erfolgte Enteignung der Fabrik und des Privatvermögens der Familie an. Als Bevollmächtigter der gesetzlichen Erben setzte er die Treuhand davon in Kenntnis, dass er rechtliche Schritte unternommen hatte, um die Rückgabe des Eigentums oder doch eine angemessene Entschädigung zu erwirken. Es ging ihm um die Feststellung, dass die Unternehmerfamilie ihre Eigentumsrechte nie aufgegeben hatte.

Nach geltendem Vereinigungsrecht hatte Hüther keine Chancen auf eine Rückgabe und er wusste das vermutlich. In der „Gemeinsamen Erklärung" vom 15. Juni 1990 hatten die Regierungen der Bundesrepublik Deutschland und der DDR bestimmt, dass Enteignungen, die vor 1949 erfolgt waren, nicht angetastet werden sollten. Im Wortlaut hieß es: „Die Enteignungen auf besatzungsrechtlicher bzw. besatzungshoheitlicher Grundlage (1945 bis 1949) sind nicht mehr rückgängig zu machen. Die Regierungen der Sowjetunion und der Deutschen Demokratischen Republik sehen keine Möglichkeit, die damals getroffenen Maßnahmen zu revidieren. Die Regierung der Bundesrepublik Deutschland nimmt dies im Hinblick auf die historische Entwicklung zur Kenntnis. Sie ist der Auffassung, dass einem künftigen gesamtdeutschen Parlament eine abschließende Entscheidung über etwaige staatliche Ausgleichsleistungen vorbehalten bleiben muss." Die „Gemeinsame Erklärung" wurde Bestandteil des Einigungsvertrags vom 31. August 1990 und des „Gesetzes zur Regelung offener Vermögensfragen" vom 23. September 1990. Enteignungen, die vor dem 7. Oktober 1949 stattgefunden hatten, wurden nicht angetastet. Das Gründungsdatum der DDR bildete die Wasserscheide.

Doch im Jahr der deutschen Einheit 1990 und in den bewegten Zeitläuften der Geschichte, die für die Zeitgenossen so viele Brüche, einschneidende Zäsuren, Neuanfänge und Wandlungen bereitgehalten hatte, erschien es dem Enkel als ein Gebot der Vorsorge, auch aussichtslos erscheinende Ansprüche der Form halber aufrechtzuerhalten, zu bekräftigen und damit aktenkundig werden zu lassen. Er hielt es mit dem bürokratischen Prinzip: Was nicht in den Akten ist, ist nicht in der Welt. Die historische Erfahrung hatte die Familie gelehrt, dass die Zukunft unverfügbar und offen ist.

Die Direktion Recht der Treuhandanstalt reagierte sensibel auf „dieses sehr untechnische Schreiben" des Hüther-Nachfahren und stellte im Dezember 1990 unter Hochdruck Nachforschungen an. Der befragte Geschäftsführer Stäve ging von einer Enteignung unter sowjetischer Besatzung zwischen 1945 und 1949 aus. Doch die Treuhand brauchte Gewissheit. Denn falls sich ein Anspruch auf Rückgabe, auf eine Enteignung aus DDR-Zeiten bezog, hätte sie nicht über das Unternehmen verfügen und es nicht veräußern dürfen. Der Aktenvermerk vom 20. Dezember 1990 hielt fest: „Im Falle von Herrn Hüther kann m. E. gegenwärtig nicht davon ausgegangen werde, dass keine Anmeldung vorliegt." Bis dahin konnte der Kaufvertrag, für den bereits am 21. Dezember ein Notartermin anberaumt war, nicht geschlossen werden.

Die letzte Runde

Darüber hinaus wollte die Treuhand nach einer Verhandlungssitzung mit Stollwerck am 17. Dezember 1990 die wirtschaftlichen Intentionen des Käufers nochmals zu prüfen. Sie sprach sich nun dafür aus, den Kaufpreis auf 3,5 Millionen festzusetzen und war zu einer Teilübernahme der Entschuldung in Höhe von 31,532 Millionen DM bereit. Augenscheinlich konnten alle offenen Fragen geklärt werden, der Kaufvertrag kam fristgerecht zustande, und mit dem 1. Januar 1991 gehörte die Schokoladenwerke GmbH zum Stollwerck-Imperium. Der Nennwert wurde mit 1 Million D-Mark angegeben. Der Kaufpreis betrug 3,5 Millionen D-Mark, was dem neu festgesetzten Nettovermögen der Gesellschaft entsprach. Für Stollwerck war dies kein schlechtes Ergebnis. Im Verzeichnis der Privatisierungsverträge der Treuhand vom 6. Mai 1991 wurde das Thüringer Schokoladewerk als „Fall 2016" geführt.

Die neue Geschäftsführung war mit Harald Stäfe (Produktion und Technik) und Almut Wagner (Prokuristin) nur zum Teil die alte. Als Geschäftsführer für Verwaltungsfragen kam zur temporären Unterstützung der Geschäftsführer von Stollwerck, Berlin hinzu. Almut Wagner und Harald Stäfe blieben bis Ende 2001 in dieser Funktion. Bis Almut Wagner am 1. Januar 2002 alleinige Geschäftsführerin und ab September 2005 bis zu ihrer Pensionierung 2016 Werksleiterin der Stollwerck AG in Saalfeld wurde. Als Ingenieurin war sie 1973 in den VEB tsw eingetreten und 1985 ökonomische Direktorin geworden. Ihre Position an der Spitze des Unternehmens bis 2016 zeugt von einer denkwürdigen Kontinuität und von einem hohen Maß an Vertrauen aller Akteure der Nachwendezeit.

Das Werk firmierte als Thüringer Schokoladewerk GmbH und war in dieser Funktion Eigentümerin der Grundstücke und

Der Neubau des Hochregallagers von Stollwerck neben der alten Schokoladenfabrik, nach 1994.

Gebäude. Zur Finanzierung der anstehenden technischen Modernisierung wurde 1991 für die Dauer von zwölf Jahren eine geschlossene Fondgesellschaft „Thüringer Schokoladewerk Beteiligungsgesellschaft mbH" gegründet. Denn abgesehen von der Masseabteilung, der Tafelanlage aus dem Jahr 1984 und der Fertigungstechnik für Nougattütchen wurde die technische Ausstattung erneuert. Eine zweite Fondgesellschaft wurde im Dezember 1992 ebenfalls für zwölf Jahre gegründet und diente der Finanzierung eines modernen Hochregallagers. Mit dem Ende der Fondgesellschaften ging die Thüringer Schokoladenwerk GmbH 2004 in die Stollwerck AG ein.

Allein 1992 wurden insgesamt 93 Millionen D-Mark in den Betriebsstandort Saalfeld investiert. Die Schokoladenfabrik war auf dem besten Weg, zum neuen Musterbetrieb der sozialen Marktwirtschaft werden. Bis 1997 sollten es 240 Millionen werden. Stollwerck sicherte die Zukunft des Standortes zu einer Zeit, als andere Betriebe des DDR-Süßwarenkombinats Delitzsch schließen mussten, weil die Treuhand für sie keine Käufer fand. Die Produktion lief mit 700 Mitarbeitern auf Hochtouren. 1993 waren es sogar 800. Es hätten noch mehr sein können. Doch trotz zahlreicher Betriebsschließungen und steigender Arbeitslosigkeit in der Region, hatte die Schokoladenfabrik Mühe, freie Stellen zu besetzen. Denn „in der Schokolade" mit ihrer überwiegend weiblichen Belegschaft war mit sieben Mark Stundenlohn nicht viel zu verdienen – zumal für entlassene Stahlarbeiter und Metallwerker aus der Saalfelder Maxhütte, deren Tariflohn das Doppelte betrug.

Die Übernahme der Schokoladenfabrik durch den alten Bekannten Stollwerck – den Konkurrenten aus der Zeit der Mauxion Schokolade vor 1945 und den Auftraggeber der Gestattungsproduktion – konnte als Einheitsgewinn angesehen werden. Von Seiten der Politik erfuhr Hans Imhoff größte Wertschätzung. Die Stadt verlieh ihm als erstem Westdeutschen nach der Friedlichen Revolution die Ehrenbürgerwürde. Doch etwas fehlte: Auf den Einschlagpapieren und Packungen der Erzeugnisse war an keiner Stelle der Standort Saalfeld vermerkt. Auch zeigte Stollwerck kein Interesse an der Fortführung der alten Marke Rotstern. Anonymität und der Verlust der identitätsstiftenden Marke, das war der Preis für den Erhalt des Werkes und einer großen Zahl der Arbeitsplätze.

Allein zum 100-jährigen Jubiläum der Schokolade in Saalfeld rückte der historische Standort der Thüringer Schokoladenwerk GmbH in den Mittelpunkt. Am 4. Mai 2001 feierte man das Bestehen der Schokoladenfabrik seit 1901 – „wo alles anfing" -, mit großem Bahnhof. Damals hatte der Betrieb, der zu den großen Arbeitgebern der Region zählte, 620 Mitarbeiter. 5,5 Prozent der Jahresproduktion von Schokolade in Deutschland kam aus Saalfeld.

Den nostalgischen Blick zurück in die Belle Epoque leiste man sich nur ausnahmsweise. Im Kampf um das Überleben des Unternehmens obsiegte der Pragmatismus der Gegenwart.

Da sich im Umfeld des Jubiläums bereits ein Eigentümerwechsel abzeichnete, suchte die Schokoladenfabrik die Unterstützung des Ministers für Wirtschaft, Arbeit und Infrastruktur. Der dringende Wunsch: Der Betrieb möge von der Liste der denkmalgeschützten Objekte „abgesetzt" werden, weil kein Mensch bereit sei, ein „museales Objekt" zu kaufen.

Im globalen Wettbewerb

Für Süßwaren und Schokolade war der Markt hart umkämpft. Die Branche stand unter beständigem Preisdruck und sah sich mit veränderten Konsumgewohnheiten konfrontiert. 2002 übernahm der Schweizer Schokoladenproduzent Barry Callebaut das Traditionshaus Stollwerck und alle seine Standorte und damit auch den Betrieb in Saalfeld. Im Thüringer Schokoladenwerk stieg die Zahl der Mitarbeiter bis 2004/2005 auf 700. Doch Stollwerck konnte die erwartete Rendite nicht erwirtschaften – die Deutschen hatten einerseits immer weniger Lust auf „Allerwelts-Schokolade" eingeführter Marken. Andererseits überzeugten im Konsumsegment zusehends die günstigen Handelsmarken durch unschlagbare Preise. Dem Verlustgeschäft wollte man mit einem Sanierungskonzept begegnen. Dabei setzte Stollwerck als Zugpferd auf die Marke Sarotti und investierte in neue Rezepturen: Zartbitter in fruchtig-cremigen Kombinationen. Aber ausgerechnet der Sarotti-Umsatz brach im Handel ein. Die Kundschaft zog es verstärkt zu den Handelsmarken. Dann sollte die Drosselung der Produktion für das Geschäft in Deutschland die Rettung bringen. Doch schließlich trennte sich Callebaut, die weltweite Nummer eins der Schokolade, 2011 vom europäischen Schokoladengeschäft für den Einzelhandel und verkaufte fünf Produktionsstätten an das belgische Familienunternehmen Sweet Products / Baronie, das bis dahin ausschließlich in Belgien und den Niederlanden produziert hatte. Vom Verkauf war auch das Thüringer Schokoladenwerk betroffen. Dort waren zuletzt etwa 640 Mitarbeiter (2010) beschäftigt, die 38.000 t Schokoladenprodukte herstellten. Heute werden im Werk in Saalfeld Tafeln, Stäbchen, Napolitains, Trüffel, Ostereier und Weihnachtskugeln als Stollwerck-Erzeugnisse für Baronie hergestellt.

In atemberaubendem Tempo wurden die Saalfelder, die zum Teil bereits viele Jahre „in der Schokolade" arbeiteten, nach der Friedlichen Revolution zuerst Schwaben, dann Rheinländer, Schweizer und schließlich Belgier, ohne dass sie Thüringen oder Saalfeld je hätten verlassen müssen. Allein die Investoren und Eigentümer kamen und gingen. Zwar zählte die Schokoladenfabrik in Saalfeld mit Unterstützung der Treuhand zu den glücklichen „Überlebenden" eines Transformationsprozesses, den viele Unternehmen im Osten als Tragödie erlebten. Sie konnte sich sogar als „Gewinnerin" der Einheit betrachten. Ihre Umwandlung vom VEB in eine GmbH im Juni 1990, der west-östliche Kooperationsversuch und ihre Übernahme durch Stollwerck Ende 1990 waren bereits zu einem sehr frühen Zeitpunkt erfolgt. Und sie hatte das Glück, in diesem Prozess auf konstruktiv denkende westdeutsche Geschäftspartner gestoßen zu sein.

Als wirkungsmächtige Akteurin der Marktwirtschaft konnte sich die Geschäftsführung aber nur bedingt fühlen. Und die

Betriebsarchiv Saalfeld

Stollwerck-Produkte aus Saalfeld. Nach 2011.

Beschäftigten fanden sich in der Rolle von Zaungästen wieder, welche die jeweils neueste Runde von Veränderungen nur mit machtlosem Staunen zur Kenntnis nehmen konnten. Zur Jahrtausendwende wehte auch im beschaulichen Saalfeld der rauere Wind der Globalisierung. Die Erfahrungen des Strukturwandels und der permanenten Transformation der Branche hatten Ritter, Stollwerck und die westeuropäischen Schokoladenproduzenten dem ehemaligen Monopolisten für Schokolade in der DDR voraus. Doch die Erinnerungen der Ostdeutschen an ihre alte Marke konnten nur die Thüringer wecken.

„Rotstern" ist wieder da!

Als Stollwerck 1991 in Saalfeld die neue Produktion startete, hatte das Kölner Unternehmen kein Interesse an der alten Marke Rotstern, die in vierzig Jahren DDR zum Inbegriff für Schokolade geworden war. In Saalfeld sollten ausschließlich die bekannten westdeutschen Erzeugnisse des Stollwerck-Imperiums, zu dem inzwischen auch Sprengel, Sarotti und Waldbaur gehörten, produziert werden – darunter die Alpia von Stollwerck. Deshalb konnte im Jahr 2002 das Handelshaus Alsen aus dem Thüringischen Thörey die Markenrechte am alten Bild- und Wortzeichen „Rotstern" für 30.000 D-Mark von Stollwerck erwerben.

Zehn Jahre lang war Rotstern verschwunden. Nun kehrte die Marke zurück. Alsen begann mit der Herstellung von Rotstern Klassikern und neuen Erzeugnissen. Einstweilen produzierte Nestlé für ihn. Die Nougattütchen wurden sogar im alten Werk in Saalfeld hergestellt. 2004 ließ Alsen die Schokoladefabrik mit dem emblematischen Namen durch Umfirmierung des Handelshauses zur Rotstern GmbH & Co. KG wieder auferstehen, gerade zu einer Zeit, als die zweite Welle der Nostalgie anrollte und die gelernten DDR-Bürger ihre Liebe zu den „Ostprodukten" in deutlich verbesserten Rezepturen, aber auf „alt"

Rotstern Spezialitäten. Pralinen. Gestalter der Verpackung unbekannt. DPMA Register, Markenregisterauskunft. Deutsches Patent- und Markenamt, München. Anmeldung am 17.10.2003, Eintragung am 30.4.2004 (Reg.-Nr. 30353975).

gemachten Verpackungen wiederentdeckten. Sie verbanden sich mit Kindheitserinnerungen, versprachen Heimatgefühle und wurden nach dem Kollaps der ostdeutschen Volkswirtschaft als erfreuliche Beispiele kultureller Selbstbehauptung gefeiert, zumal wenn es sich um Erzeugnisse handelte, die sich in ostdeutscher Hand befanden. 2005 nach dem Zukauf der „Feengrotten-Chocolaterie", wurde sogar wieder in Saalfeld produziert. Im selben Jahr eröffnete in Erfurt am Fischmarkt die „Rotstern Confiserie" mit Espressobar.

Die Rückkehr auf den Markt war steinig, auch weil der westdeutsche Einzelhandel der Marke verschlossen blieb. Dazu belastete ein neuerlicher Streit um die Markenrechte das Unternehmen. Der Enkel des Gestalters Walter Günzerodt, erhob im Jahr 2009 Anspruch auf das Eigentum an der Marke, dessen ausschließliches Nutzungsrecht ihm im Jahr 2007 von seiner Mutter, der Tochter des Grafikers, überschrieben worden war. Die Familie argumentierte, dass Günzerodt damals das Logo und den Schriftzug nicht als Grafiker, sondern als kaufmännischer Mitarbeiter gewissermaßen „nebenbei" gestaltet hatte und daher als Eigentümer anzusehen war. Dagegen hatten sich der VEB Rotstern und seine Nachfolger jedoch stets als Inhaber der Marke betrachtet, deren Eintrag bei der Warenzeichenstelle der DDR vom Betriebsleiter Siegfried Walther am 15. November 1954 beantragt worden war.

Bis 2012 stellte Rotstern über 40 verschiedene Artikel für Lebensmittelfilialbetriebe und Discounter wie Kaufland, Globus, Edeka, Rewe, Norma, ALDI Nord, Tegut, Real, Metro und Drogerie Müller her. Nach einer ersten Schließung der Feengrotten-Chocolaterie im Frühjahr 2010 startete Alsen im Juni einen Kooperationsversuch mit den Behindertenwerkstätten der Diakoniestiftung Weimar Bad Lobenstein. Aber schließlich musste Alsen 2012 wegen drohender Zahlungsunfähigkeit Insolvenz anmelden. In der Produktion waren 29 Beschäftigte betroffen.

Doch Beistand nahte von unerwarteter Seite. Noch im September 2012 erwarb das Bistum Magdeburg in Gestalt des Caritas Behindertenwerk GmbH Burgenlandkreis, das seit 2010 bereits die Verpackungen gefaltet hatte, die Marke. Die Produktion und der Vertrieb von Schokoladen und Pralinen gingen weiter. Dass die Katholische Kirche über ihre sozialen Einrichtungen in den neuen Bundesländern, also in der tiefsten Diaspora, unternehmerisch tätig wurde, um kleine Betriebe als geschützte Räume und Arbeitsplätze für Benachteiligte zu erhalten – bei Rotstern ging es mittelbar um 150 Beschäftigte -, ist bemerkenswert, hatte aber beim VEB tsw Tradition. Schon zu DDR-Zeiten waren Behinderte zum Falten der Pralinenschachteln im Werk beschäftigt worden. Trotzdem sah sich die Caritas als Pionier auf neuem Terrain.

Im Jahr 2019 wurde das vorläufig letzte Kapitel der Marke aufgeschlagen. Die Rotstern Schokoladen GmbH & Co KG wurde in die United Chocolate Group mit Sitz in Weißenfels eingegliedert, zu der unter anderen kleinen Herstellern die Argenta Schokoladenmanufaktur GmbH aus Wernigerode gehört. Dort wirbt man mit dem On Demand-Konzept einer Schokoladenmanufaktur, die von Hand gefertigte Pralinen nach Auftragseingang auf Bestellung frisch, à la minute, herstellt.

Argenta Schokoladenmanufaktur GmbH, Weißenfels

„Rotstern seit 1955". Tafeleinschlagpapier für Vollmilchschokolade im Retro-Look der 1950er-Jahre. 2021.

Mit dem charakteristischen Schriftzug in Schreibschrift und der Kompass-Rosette im Kreis, die sich noch immer „slightly out of focus" befindet, betrieb die wiederbelebte Rotstern GmbH & Co KG seit 2004 ein konsequentes Souvenir-Marketing. Dazu passte vorzüglich der werbende Hinweis „seit 1955". Das war bekanntlich das Jahr, als das Rotstern-Logo als Warenzeichen geschützt worden war und der volkseigene Betrieb seine sichtbaren Mauxion-Wurzeln endgültig gekappt hatte.

Abbildungen des Leipziger Völkerschlachtdenkmals und der Nikolaikirche oder des Trabant 601 zieren die Packungen von Tafeln, Pralinenschachteln und Puffreisriegeln. Die Serie „DDR-Geld" sorgt bei den Tafeleinschlägen dafür, dass die seinerzeit nicht konvertierbare Währung zumindest als Verpackungs-Gag nicht in Vergessenheit gerät. Bei den Produkten für Kinder kamen das Sandmännchen und Märchenmotive wie Frau Holle oder Aschenbrödel ins Spiel. Eine Schokoladeneier-Serie mit den beliebten Figürchen und passende Sticker wurden 2007 mit dem Titel „Sandmännchen und seine Freunde" aufgelegt – ein Frontalangriff gegen den Marktführer Ferrero und seine Überraschungseier! Heute werden Schoko-Minitafeln mit den beliebten Bildchen vertrieben.

Der Osten wurde als Gedächtnisort und Dingsymbol Programm. Die Größen der deutschen Nationalkultur rundeten das Erscheinungsbild ab: Konterfeis von Bach, Goethe, Schiller und Luther zierten als Serie die Einschläge für Schokotäfelchen. Sie waren als Mitbringsel und Geschenke beliebt und wurden auch ins Ausland exportiert. Die Pralinenpackungen „Rotstern Spezialitäten" und „Rotstern Feinste Edelbitter Spezialitäten" weckten Erinnerungen an die „Thüringer Spezialitäten" aus der Zeit vor der Friedlichen Revolution.

Auch in den neuen Ländern nahm man den neuen Trend der kleinen lokalen Chokolatiers auf, die spätestens seit dem Kinofilm „Chocolat" (USA, GB 2000) als Startups mit französischem Flair allerorten aus dem Boden schossen und adaptierte ihn für die industrielle Herstellung. So überlebte Rotstern nach mehreren Eigentümerwechseln in der Nische. Bis heute.

Archiv der Argenta Schokoladenmanufaktur GmbH, Weißenfels

Sandmann Minitäfelchen von Rotstern, 2021. Gestalter der Tafeln unbekannt.

Die verbesserten Rezepturen hinter der Marke haben wenig gemeinsam mit der alten Rotstern-Schokolade. Aber sie wecken Erinnerungen. In Internet-Blogs wird mit großem Ernst und wenig Ironie über die Frage gestritten: Hat die DDR-Schokolade eigentlich geschmeckt? Vielfach überlagert ist der

Geschmack der DDR vom Geschmack der Wende und ihrer langen Nachgeschichte seit 1990. Darin sind Verheißungen und Enttäuschungen miteinander verwoben und gehen eine Verbindung mit den Lebensgeschichten ein. Subjektive Vorlieben von einst scheinen auf. Konsistenz, Geräusch und Geschmack liegen den Zeitgenossen wieder auf der Zunge, die Formen und Farben der Verpackungen im Auge des Betrachters. Und die Hand erinnert die haptischen Qualitäten des Produkts oder seine Missratenheit. Dann öffnet eine Tafel Schokolade das Fenster in eine entschwundene Welt.

Schluss

Geteilte Erfahrungen, geteilte Traditionen

Jeder der Nachfolger der Schokoladenfabrik erfand aus dem Fundus geteilter Erfahrungen seine eigene Geschichte. Die westdeutsche Mauxion beanspruchte mit dem Hinweis „seit 1855" die altehrwürdige Tradition der Gründerfamilie und Namensgeber, aber mit dem Logo und dem blauen Band ebenso die erfolgreiche Etablierung und Durchsetzung der Marke durch eine große Unternehmerpersönlichkeit in Gestalt Ernst Hüthers. Der VEB Mauxion (1948–1954) stand für einen scharfen Bruch mit der Vergangenheit, demonstrierte aber mit dem alten Namen und dem blauen Band zugleich eine starke Kontinuität, die durch das Verlegenheitslogo der Zuckertüte kaum abgeschwächt wurde. Der VEB Rotstern setzte 1955 ästhetisch mit dem Namen und dem neuen Logo einen Kontrapunkt mit Signalwirkung, welcher Mauxion kaum nachstand und auch erhalten blieb, als 1966 die Betriebe Rotstern und Berggold im VEB Thüringer Schokoladenwerke zusammengefasst wurden. Als Marke blieb Rotstern bis zum Ende der DDR ein starkes Zeichen. Und die neue Rotstern GmbH nahm mit dem Hinweis „seit 1955" die Traditionslinie der DDR auf.

Die bei weitem größte und erfolgreichste Nachfolgerin der alten Mauxion und die ehemals bedeutendste Schokoladenfabrik der DDR erschien nach 1966 als Produktionsstandort wenig geneigt zur Traditionspflege, von einer kritischen Hinterfragung der eigenen Geschichte ganz zu schweigen.

Und die Schokoladenfabrik in West und Ost nach der jeweiligen Übernahme? Keiner der Nachfolger sah sich veranlasst, zu thematisieren, was nach 1949 mit Schweigen übergangen worden war. Für die Monheim AG und für Stollwerck handelte es sich um eine fremde Geschichte. An markanten Daten fehlt nicht. Den Auftakt bildet das Jahr 1901, als die Brüder Mauxion ihre Fabrik in Berlin schlossen und sich in Saalfeld ansiedelten. Es folgt 1917, das Jahr der Übernahme durch Ernst Hüther, den ersten Schokoladenkönig und Patriarchen, seine innovative Markenpolitik und seine mutige, aber auch riskante Unternehmensführung in den 1920er-Jahren und seine Verdienste um den Wohlstand der Stadt als Teil des Saalfelder Bürgertums. Doch die problematischen und ambivalenten Aspekte der Unternehmensgeschichte im Dritten Reich blieben im Dunkeln: Die politischen Netzwerke der NSDAP, in denen Ernst Hüther zum Vorteil der Fabrik, aber nicht immer erfolgreich agierte; die neuen Möglichkeiten öffentlicher Großaufträge; die Faszination für die NS-Betriebsgemeinschaft, der politische Opportunismus des Unternehmers und schließlich die auskömmlichen Anpassungen an die Kriegs- und Rüstungswirtschaft und die Beschäftigung von Zwangsarbeitern. Auch die dramatischen Verwerfungen der Nachkriegsjahre und der Wendezeit – die milde Entnazifizierung und der Neubeginn im Westen und die komplette Enteignung im Osten sowie die Geschichte der Reprivatisierung nach der Friedlichen Revolution – sind in ihren verstörenden, aber auch frappierenden Details bislang wenig bekannt. Zum hundertjährigen Bestehen der Saalfelder Schokoladenfabrik 2001 hielt man sich an die dürren Fakten der Gründung 1901 und der Stollwerck-Übernahme 1991 und präsentierte das Portfolio der Erzeugnisse, die als westdeutsche Marken einen guten Klang haben.

Literatur

„Report on Mauxion, Saalfeld, Thuringen" by W. Tresper Clarke on behalf of U. S. Technical Industrial Intelligence Sub-Committee (CIOS Target Number 22/228 Food and Agriculture). June 13th, 1945, London 1946 [6 Pages].

„Schokolade. Bittere Bohne – süßer Genuss." Ausstellung des Museum Aschenbrenner, Garmisch-Partenkirchen im Jahr 2015, Ausstellungstext, zu Mauxion: „Der Neubeginn in Garmisch-Partenkirchen (1949 bis 1959)".

„Süße Versuchung. Vom Siegeszug der Schokolade seit dem 19. Jahrhundert. Das Beispiel Wernigerode". Hg. von Christian Juranek, Dössel/Saalekreis 2007.

„Wilhelm Deffke – Pionier des modernen Logos." Hg. von der Bröhan Design Foundation Berlin, Zürich 2014.

50 Jahre Handelskammer Saalfeld an der Saale. Jubiläumsbericht, Saalfeld (Saale) 1872–1922.

Adam, Christian: *Das Westpaket. Geschenksendung, keine Handelsware,* Berlin ²2001.

Berghoff, Hartmut / Balbier, Uta Andrea (Hg.): *The East German Economy (1945–2010). Catching up or Falling behind?* Washington 2013.

Berthold, Klaus (Hg.): *Von der braunen Chokolade zur lila Versuchung. Die Designgeschichte der Marke Milka. Ausstellung des Design Zentrums Bremen,* Bremen 1996.

Bock, Claudia / Beljan, Ingo: *Schokolade aus Halle. Die Geschichte der Halloren Schokoladenfabrik,* Erfurt 2020.

Böick, Marcus: *Die Treuhand. Idee – Praxis – Erfahrung. 1990–1994,* Göttingen 2018.

Damm, Veit / Schulz, Ulrike / Steinberg, Swen / Wölfel, Sylvia: *Ostdeutsche Unternehmen im Transformationsprozess 1935 bis 1995. Ein neues Forschungsfeld der modernen Unternehmensgeschichte,* in: ZUG 56 (2011) H. 2, S. 187–205.

Die VEB Thüringer Schokoladenwerke Saalfeld: Rotstern, Bambina und Thürina, in: Rainer Gries (Hg.): Die Währungsunion 1990. Erwartungen und Erfahrungen, Erfurt 2010, S. 43–48.

Eschebach, Erika: *Schokoladenstadt Dresden: Süßigkeiten aus Elbflorenz.* Hg. von der Sächsischen Zeitung, Dresden 2013.

Feuz, Patrick / Tobler, Andreas / Schneider, Urs: Toblerone. *Die Geschichte eines Schweizer Welterfolgs.* Hg. von Kraft Foods, Bremen 2008.

Gries, Rainer: *Produkte als Medien: Kulturgeschichte der Produktkommunikation in der Bundesrepublik und der DDR,* Leipzig 2003.

Gudermann, Rita: *Der Sarotti-Mohr. Die bewegte Geschichte einer Werbefigur.* Unter Mitarbeit von Bernhard Wulff, Berlin 2004.

Hartewig, Karin: *Kunst für alle! Hitlers ästhetische Diktatur,* Norderstedt [3]2018, hier: Im Pausenraum der Diktatur. Kunst für die Industrie, S. 157–198.

Hartewig, Karin: *Mauxion, Rotstern und Stollwerck. Die bewegte Geschichte der Schokoladenfabrik in Saalfeld,* Leipzig 2021 (in Vorbereitung).

Hartewig, Karin: *Von toten Punkten und der wilden Frische von Limonen. Der Klang der Marken,* in: Dies.: Total angesagt. Essays zur Kulturgeschichte, Norderstedt 2018, S. 43—75.

Heidrich, Hermann / Kussek, Sigunek (Hg.): *Süße Verlockung. Von Zucker, Schokolade und anderen Genüssen,* Molfsee 2007.

Heinemann, Michael: *Die Geschichte der Süßwarenindustrie in der DDR,* Leverkusen 2007.

Henning, Dirk: *Saalfeld im Dritten Reich,* Erfurt 2010.

Huttenlocher, Kristina: Sprengel. *Die Geschichte der Schokoladenfabrik,* Springe 2016.

Ilgen, Volker: *CARE-Pakete & Co. von der Liebesgabe zum Westpaket,* Darmstadt 2008.

Jacobi, Klaus: *Der Schokoladenkönig. Das unglaubliche Leben des Hans Imhoff,* München 1997.

Kaminsky, Annette: *Wohlstand, Schönheit, Glück. Kleine Konsumgeschichte der DDR,* München 2001.

Kowalczuk, Ilko-Sascha: *Die Übernahme. Wie Ostdeutschland Teil der Bundesrepublik wurde,* München, 2019.

Lindner, Erik: *Auf der Suche nach dem Nudossi-Äquator. Karrierewege bekannter DDR-Marken bis heute,* Hamburg 2015.

Lokies, Ingo: *Der Saalfelder Schokoladenfabrikant Dr. Ernst Hüther. Eine Betrachtung der finanziellen Verhältnisse und der wirtschaftlichen Lage der Firma Mauxion,* in: Saalfelder Weihnachtsbüchlein. Beiträge zur Saalfelder Geschichte (2018) H. 115, S. 39–70.

Meinfelder, Rudolf: Dr. *Ernst Hüther (1880 bis 1944) – Unternehmer und Bauherr,* in: Landkreis Saalfeld-Rudolstadt (Hg.): Jahrbuch 1996. Geschichte und Gegenwart, Saalfeld 1996, S. 174–180.

Menne, Rudolf: *Kulturgeschichte der Schokolade* [Schriften der Stollwerck AG, 1], Köln 1989.

Plötzl, Norbert F.: *Der Treuhandkomplex. Legenden. Fakten. Emotionen,* Hamburg 2019.

Port, Andrew: *Die rätselhafte Stabilität der DDR. Arbeit und Alltag im sozialistischen Deutschland,* Bonn 2011.

Rossfeld, Roman: *Schweizer Schokolade. Industrielle Produktion und kulturelle Konstruktion eines nationalen Symbols 1860–1920,* Baden 2007.

Schäfke, Werner (Hg.): *Imhoff-Stollwerck-Museum für Geschichte und Gegenwart der Schokolade,* Köln 1993.

Schirrmeister, Claudia: *Bratwurst oder Lachsmousse? Die Symbolik des Essens – Betrachtungen zur Esskultur,* Bielefeld 2010.

Schuster, Franz: *Thüringens Weg in die soziale Marktwirtschaft. Privatisierung, Sanierung, Aufbau. Eine Bilanz nach 25 Jahren,* Köln/Weimar/Wien 2015.

Schwädke, Walter: *Die Schokoladen-Fabrikation: Schokoladenfabrik Mauxion Gmbh* [Musterbetriebe der deutschen Wirtschaft, Bd. 19], Saalfeld-Saale 1931.

Streitberger, Claudia: „*... Bickel hat's gemalt, Hüther hat's bezahlt." Der Bauherr Ernst Hüther und der Freskenmaler Heinrich Bickel aus Werdenfels,* in: Saalfelder Weihnachtsbüchlein. Beiträge zur Saalfelder Geschichte, Bd. 101. (2004) H. 101, S. 35–40.

Streitberger, Claudia: *Mauxion – Saalfeld,* Erfurt 2007.

Tippach-Schneider, Simone: *Das große Lexikon der DDR-Werbung,* Berlin ²2004.

Tippach-Schneider, Simone: *Messemännchen und Minol-Pirol: Werbung in der DDR,* Berlin 1999.

Voigt, Jutta: *Der Geschmack des Ostens. Vom Essen, Trinken und Leben in der DDR,* Berlin 2008.

Wagner, Almut: *Schokolade aus Saalfeld 1945 bis 1990,* Erfurt 2012.

Zschiesche, Arnd / Erichiello, Oliver: *Erfolgsgeheimnis Ost. Survival-Strategien der besten Marken – und was Manager daraus lernen können,* Wiesbaden 2009.